伊丹線 今津線 甲陽線

阪急神戸線 ぶらり途中下車

～今昔写真で巡る沿線さんぽ～

山下ルミコ 著

◎乗降客で賑わう塚口駅南口改札（昭和40年頃）　提供：あまがさきアーカイブス

目次

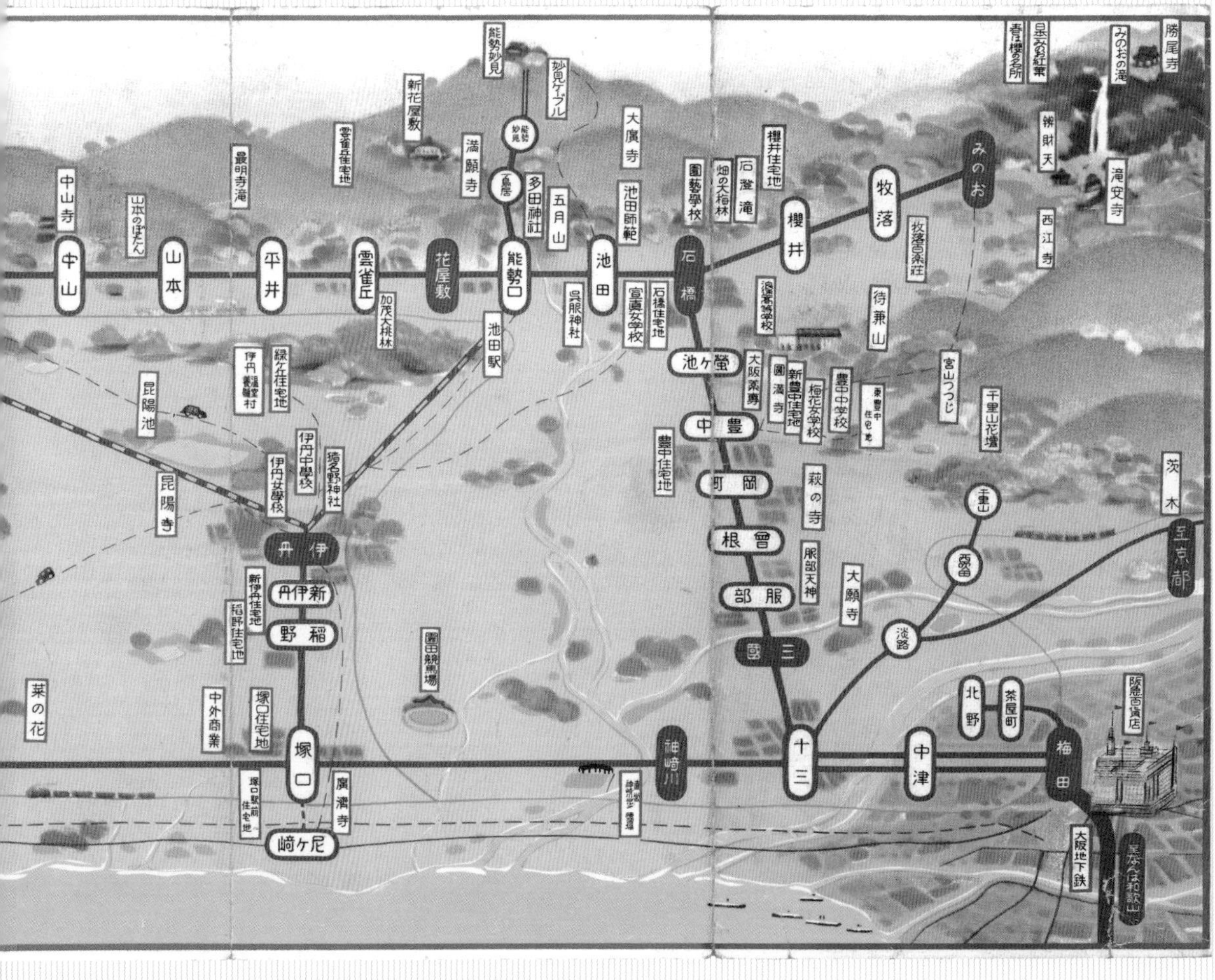

勝尾寺
みのおの滝
滝安寺
辨財天
西江寺
みのお
牧落
櫻井
石橋
池田
能勢口
花屋敷
雲雀丘
平井
山本
中山
中山寺
能勢妙見
妙見ケーブル
新花屋敷
満願寺
多田神社
五月山
大廣寺
池田師範
最明寺滝
池田駅
呉服神社
待兼山
千里山花壇
豊中中学校
梅花女学校
萩の寺
服部天神
昆陽池
昆陽寺
伊丹中學校
伊丹女學校
菜の花
中外商業
塚口住宅地
廣濟寺
茨木
至京都
淡路
北野
茶屋町
梅田
中津
十三
神崎川
塚口
阪急百貨店
大阪地下鉄

所蔵：竹村忠洋

1924（大正13年頃）「阪神急行電鉄 沿線ご案内」

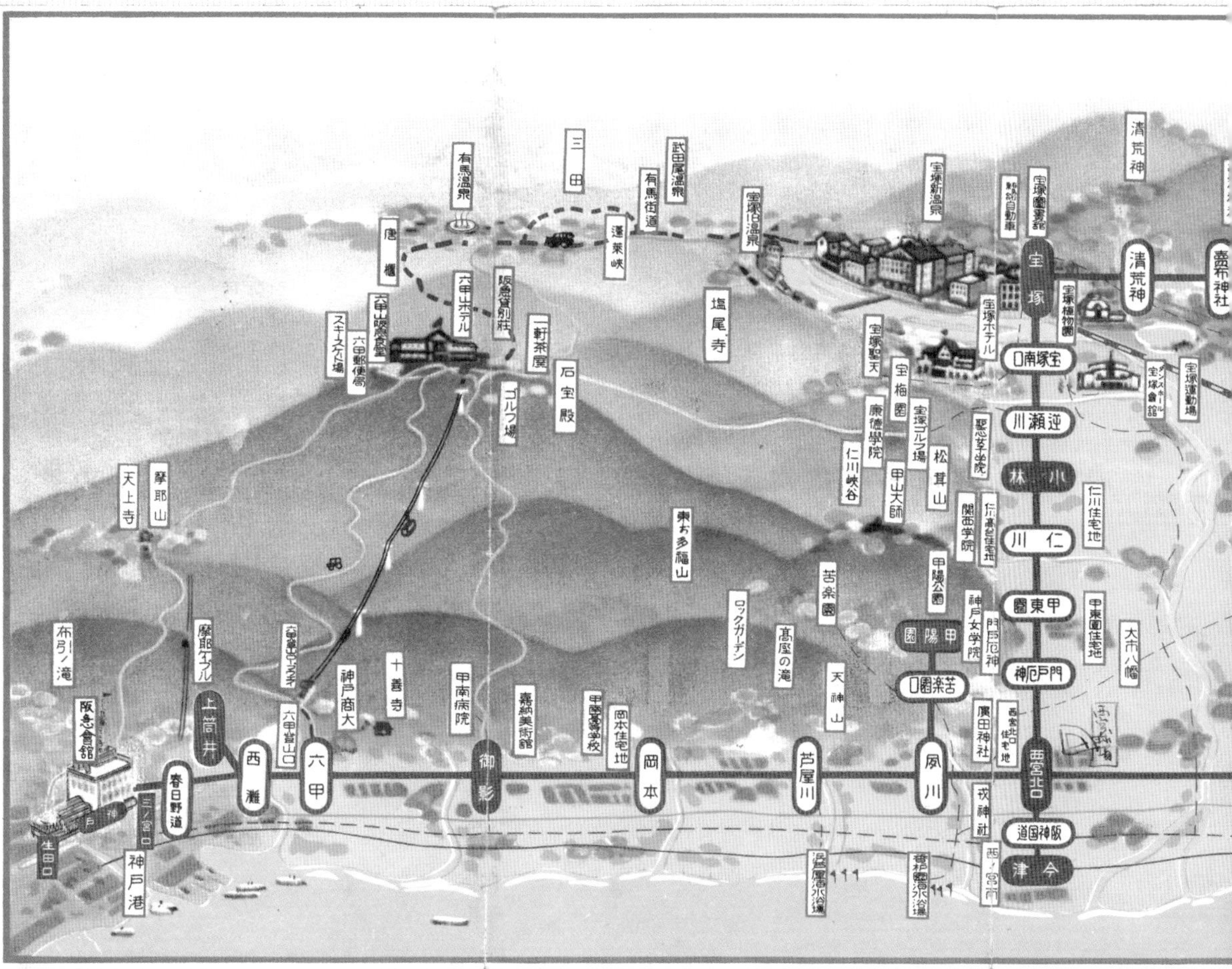

阪神間の山の手を神戸まで一直線！
スピード感が強味の「阪急神戸線」

マルーン色の伝統カラーなど、上質で落ち着いた雰囲気を堅持

大阪・梅田を拠点に、神戸・宝塚・京都方面に路線を展開する阪急電鉄。2006（平成18）年10月に親会社の阪急ホールディングスが長年のライバルだった阪神電気鉄道と経営統合。正式社名は「阪急阪神ホールディングス」と変更されたが、地元では略称の「阪急」で親しまれている。

　1929（昭和4）年に大阪梅田駅に世界初となる駅直結のターミナルデパートとして阪急百貨店を開業。鉄道会社が運営する電鉄系百貨店の先駆けとなった。その後も様々な多角経営で日本の大手私鉄や民営化後のJRなど鉄道業界のビジネスモデルに多大な影響を与えた。

　車両は光沢のあるマルーン色が伝統カラーで、車内は木目調の壁にゴールデンオリーブ系のシートを継承。昔も今も変わらぬ、上質で落ち着いた雰囲気が阪神間の風土にも合い、圧倒的な支持を得ている。

1959（昭和34）年2月、梅田〜十三間において、民鉄初となる3複線工事が完成し、阪急電鉄の輸送力はますます増強。これが京都・大阪・神戸という京阪神3大都市の直結構造実現につながって行く。

　営業路線は、本線の神戸線（大阪梅田〜神戸三宮32・3キロメートル）、宝塚線（大阪梅田〜宝塚24・5キロメートル）、京都線（大阪梅田〜京都河原町47・7キロメートル）に加え、支線の伊丹線（塚口〜伊丹3・1キロメートル）、今津線（今津〜宝塚9・3キロメートル）、甲陽線（夙川〜甲陽線2・2キロメートル）、箕面線（石橋阪大前〜箕面4・0キロメートル）、千里線（天神橋筋六丁目〜北千里13・6キロメートル）、嵐山線（桂〜嵐山4・1キロメートル）、そして第二種鉄道事業者として列車を運行する神戸高速線（神戸三宮ー新開地2・8キロメートル）、計143・6キロメートルに及ぶ。

創業者・小林一三のアイデアで、鉄道ビジネスモデルの先駆けに…

阪急電鉄の前身は、阪急の原点と言われる宝塚線・箕面線を敷設した「箕面有馬電気軌道」で、1910(明治43)年3月10日に開業した。最初の運行は梅田〜宝塚間、石橋〜箕面間の総延長28・9キロメートルで、使用された車両は小さな木造車(木造ボギー車I型)1両のみ。梅田〜宝塚間を50分かけて走った。

開業当時、全線は4区に分けられ、1区当たりの運賃は5銭だったが、開業初日の売り上げは1650円だったという。いかに多くの人たちが押しかけて乗車したかが分かる。

この順調な滑り出しに背中を押されて、箕面有馬電気軌道は、第2期の路線「梅田〜神戸間」を目指す。

当初は乗客数が伸びなかったが、創業者小林一三の「鉄道敷設とともに宅地開発を進める」というアイデアが功を奏して躍進。ここでも鉄道ビジネスモデルの先駆けとなった。その後「箕面有馬電気軌道」は、「阪神急行電鉄株式会社」と改称。1920(大正9)年7月16日、梅田〜神戸(上筒井)間の神戸線30・3キロメートルと、塚口〜伊丹間の伊丹線2・9キロメートルがまず開通した。

当時から阪神間は浜側が阪神、平地の中央部は国鉄(現・JR)、山手は阪急と3線が並行して走り、早くから交通インフラが発展。集客については各社がしのぎを削っていた。

そこでアイデアマンの小林は、阪急を人家のほとんど無かった山の手の田園地帯を直線で突っ走る路線とし、社名にも「急行電鉄」と強調して、スピード感をアピールした。

しかし、開業当初は宝塚線同様、集客に苦労する。当初の新聞広告のキャッチフレーズに「綺麗で早うて。ガラアキで眺めの素敵によい、涼しい電車」とコピーを自ら作って載せ、話題になった。

小林は沿線開発でも手腕を発揮、1910年6月1日、池田室町住宅の売り出し開始、1911年5月1日、宝塚新温泉の営業開始、1913年7月15日、宝塚唱歌隊を組織するなど、観光開発や住宅開発も積極的に進める。

住宅地開発については、民間宅地開発業者も参入。やがて伊丹・西宮七園・夙川・六麓荘町・御影などに高級住宅街を形成し、ハイカラ&モダンな独自の文化が育まれ、「阪神間モダニズム」と呼ばれるようになる。現在でも阪神間には、当時を代表する邸宅や施設などが数多く残っている。

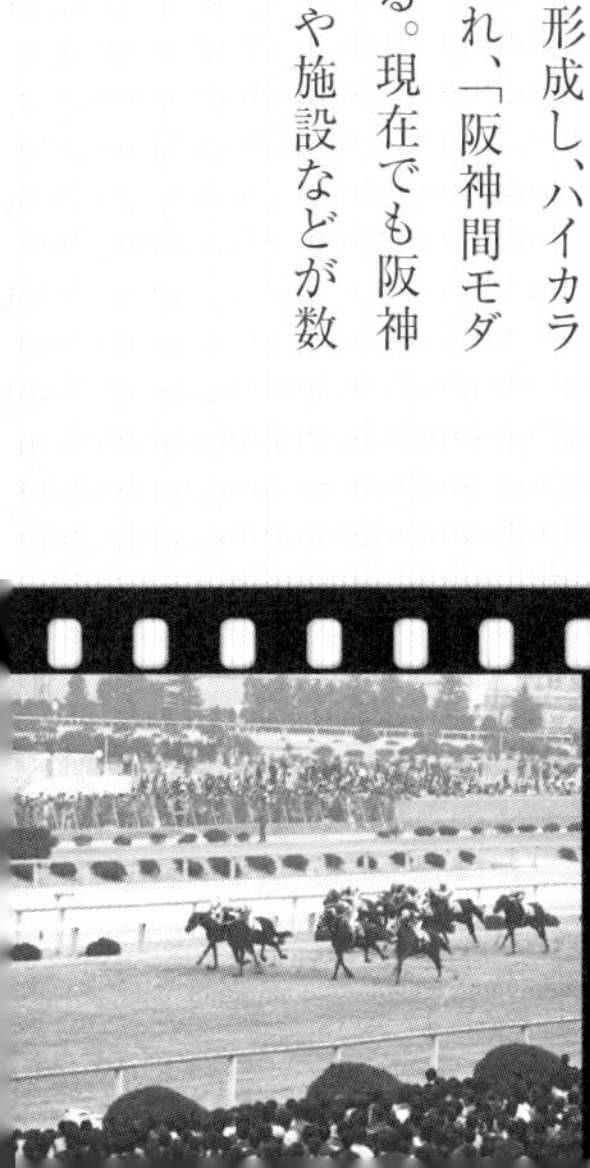
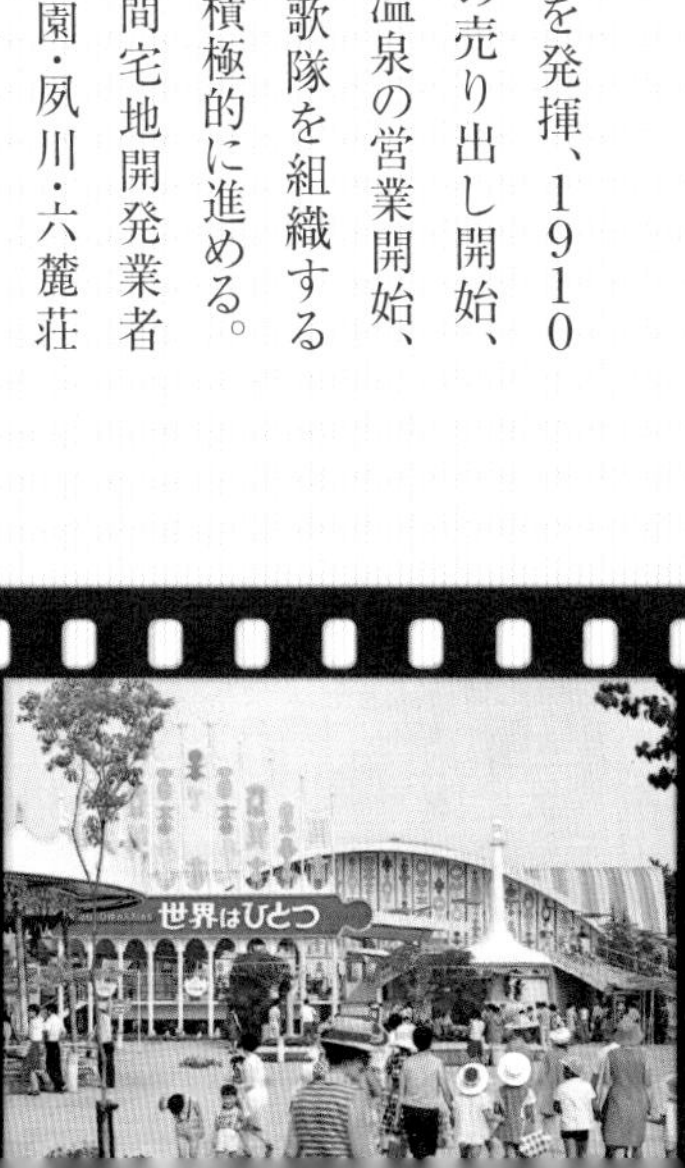

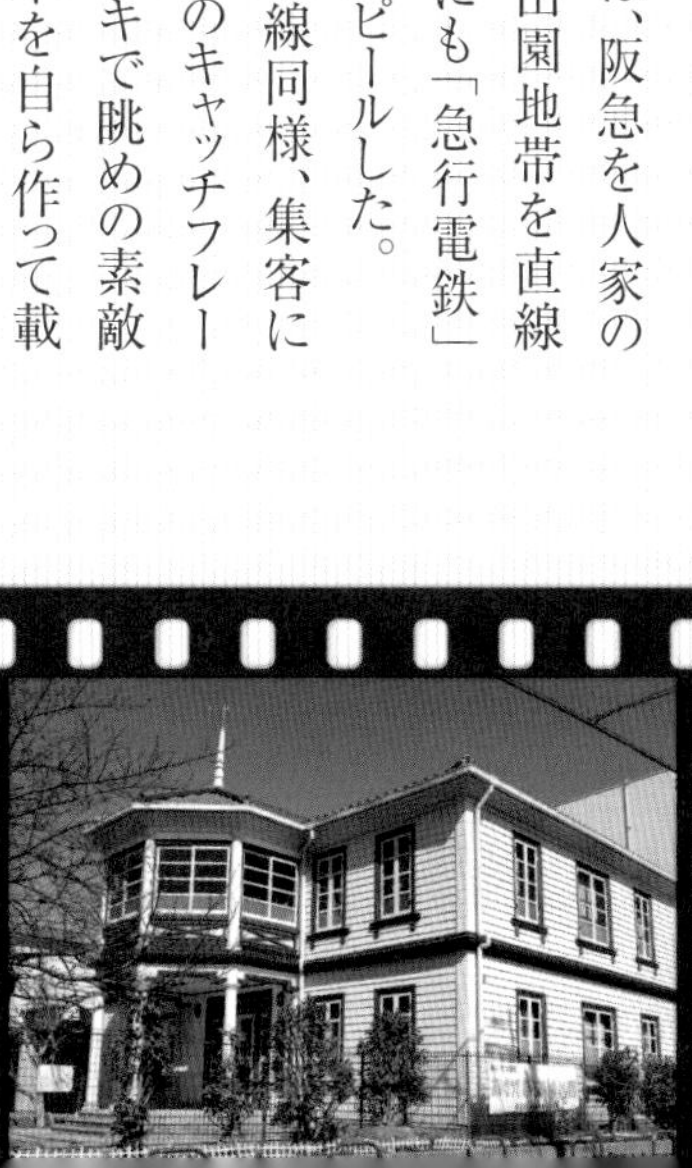

大阪梅田

おおさかうめだ

神戸線

関西私鉄最大級のターミナル駅に発展 関連施設も多く、〝阪急村〟と呼ばれる

梅田駅ホーム
（提供：朝日新聞社）

大勢の人々が行き交う頭上には、「宝塚みのお方面行のりば」と、時代を感じさせる駅名標が掲げられている。この頃はすでに梅田〜十三間は複々線になり、西宮北口からの今津線（当時は西宝線）も開通していた。

大阪梅田駅

2019（令和元）年に駅名を改称した「大阪梅田駅」。ターミナル駅であることを明記する理由で、「神戸三宮駅」「京都河原町駅」も改称されている。

大阪梅田駅は、頭端式ホーム10面9線を有する高架駅。駅ビルの阪急ターミナルビル2階にコンコース、3階にホームとコンコースがある。

1910（明治43）年3月、前身の「箕面有馬電気軌道」の始発駅として開業した大阪梅田駅。単線ホームの小さな駅から、複線ホーム、4線ホームへと拡張され、現在は10面9線を有する高架駅の私鉄大手ターミナルへと発展した。

1966（昭和41）年2月、駅拡張を目的に国鉄（現・JR）高架線の北側に移す大工事に着手。翌年8月に神戸線、3年後の昭和44年11月に宝塚線、5年後の昭和46年11月には京都線の移設が完了する。そして、昭和48年4月には、社名を「阪急電鉄株式会社」に改称。さらに京都本線の1線が増設され、移転拡張工事が完成した。

梅田は大阪二大繁華街「キタ」の中心地で、百貨店やファッションビル、ホテルなどが集積。JR梅田貨物駅跡地に複合施設「グランフロント大阪」も誕生した。また、淀屋橋とともに大阪の代表的なオフィス街でもある。特に駅周辺には阪急百貨店うめだ本店をはじめとする阪急関連の商業施設やオフィスビルが建ち並び、俗に〝阪急村〟と呼ばれている。

なお駅名は、大阪の中心部にあるターミナル駅ということでもあり、2019（令和元）年10月に「大阪梅田」駅に改称されている。

国鉄大阪駅前（提供：上野又勇） 駅前広場が文字通り広々と確保されていた昭和31年頃の国鉄（現・JR）大阪駅前。バス乗り場や市電の停留場もゆったりと配されており、この頃は阪急百貨店の建物が梅田のランドマークになっている。

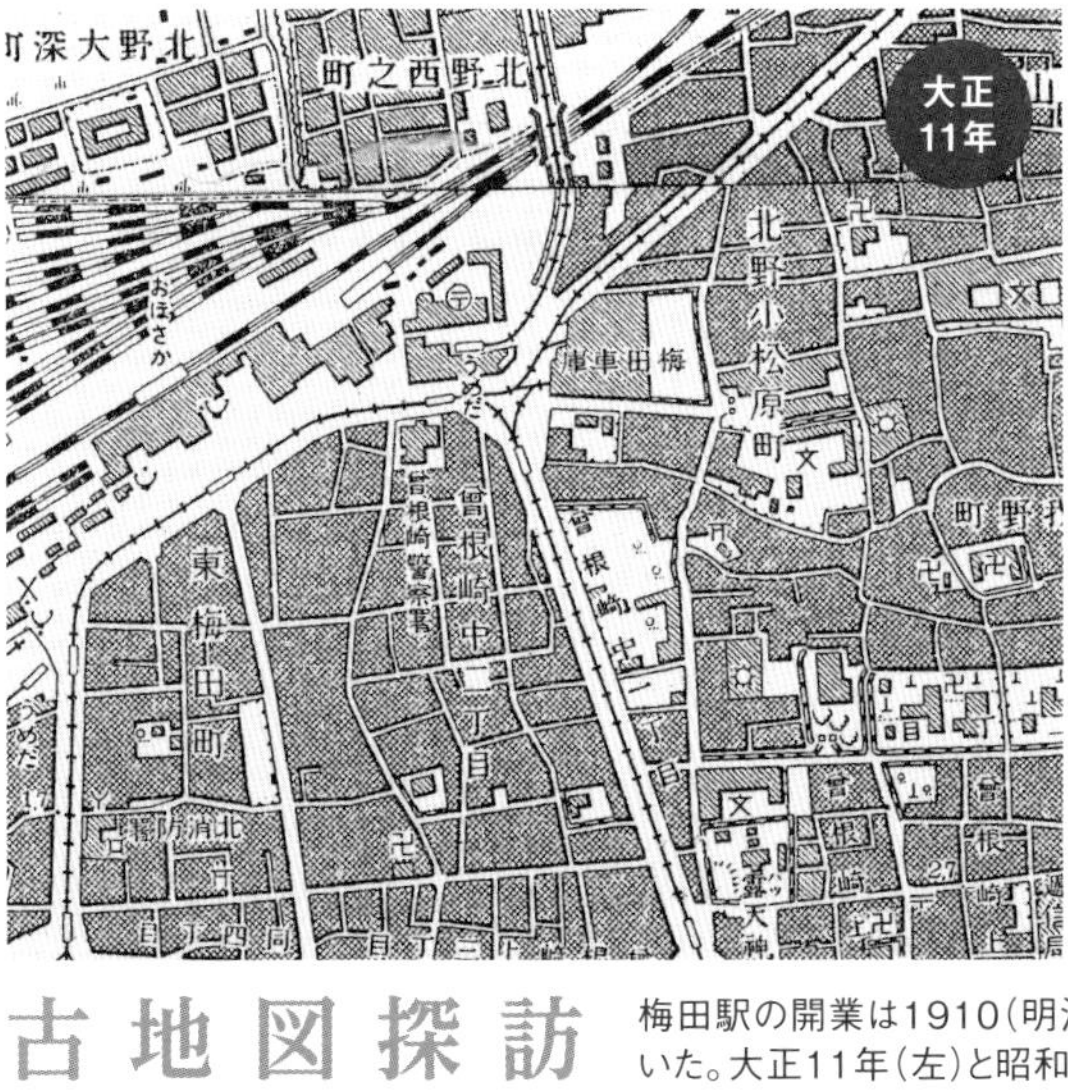

古地図探訪

梅田駅の開業は1910（明治43）年3月。当時は地上駅で、現在の阪急百貨店の場所に置かれていた。大正11年（左）と昭和30年（右）の古地図を見るとその違いがよく分かる。

懐かしの梅田界隈

特集

写真提供：上野又勇

梅田繊維問屋街（昭和30年10月）

昭和30年に撮影された梅田繊維街の様子。雑然とした中に活力があふれる当時の雰囲気が感じられる。その後、再開発事業で新大阪（センイシティ）に移転。跡地には第1ビル〜第4ビルの駅前ビルが建つ。

阪急百貨店前交差点（昭和30年10月）

まだ市電が走っていた昭和30年代の阪急百貨店前交差点。壁面に並ぶニューOSや北野劇場など映画館の案内看板が懐かしい。市電を追い抜く車の数も増えている。

大阪中央郵便局前（昭和33年4月）

1939（昭和14）年に竣工された大阪中央郵便局庁舎。撮影当時は建物前まで線路が敷かれているのが分かる。通信省営繕課の吉田鉄郎による設計で、戦前期の大阪モダニズム建築の代表作と称されていた。

淀屋橋・大阪市庁舎前（昭和34年2月）

電柱にもたれて落花生を売るおじさん。オフィス街の淀屋橋らしく事務服姿で歩く女性…。その横を走るバスの車体が時代を感じさせる。

阪急百貨店と曾根崎警察前（昭和33年5月）

大阪駅前の歩道を行く人々。背後には阪急百貨店と曾根崎警察が見える。歩道橋がなかった時代のゆとりが伝わってくる街並み風景だ。

夏の淀屋橋を人々が行き交う風景。丸みのあるバスの車体が当時の面影を伝える。土佐堀川に架かる御堂筋の橋で、橋梁は国の重要文化財に指定された。

人が行き交う淀屋橋（昭和33年8月）

大阪三大夏祭りの一つで、25日の本宮の夜は大川（旧淀川）に多くの船が行き交う「船渡御」が行われ、奉納花火が上がるので人、人、人で大賑わい！ バックに大阪のシンボルである大坂城も見える。

大阪夏の風物詩・天神祭（昭和35年7月）

御堂筋（昭和36年）

大阪のキタの梅田とミナミの難波を直線で結ぶ御堂筋（国道25号、176号の一部）。沿道の淀屋橋・中之島界隈は銀行や企業の本支店が集中。大阪の商業・ビジネスの中心地となっている。写真右は大阪市庁舎。

見どころスポット

阪急三番街

阪急電鉄・大阪梅田駅構内の下にあるショッピングセンター。地上階もあるが、地下街のイメージが強い。水の都・大阪にふさわしいキタの名所として、地下に人工の川を建設して話題を呼んだ。

阪急百貨店うめだ本店

阪急百貨店の本店で、通称は「うめだ阪急」。ファッションやコスメ・ビューティー関連の商品は近畿随一。高級イメージを打ち出すことで、食に強味を持つ庶民的な阪神百貨店梅田本店と差別化している。

超高層ビルが林立する前の西梅田付近…。旭屋書店があり、映画の看板も並ぶ、古き良き時代だった。写真では桜橋方面まで見渡せる。現在のオオサカガーデンシティなどは想像も出来ない、半世紀以上前の昭和の街並みだ。

大阪駅前西梅田付近（昭和41年）

待ち合わせ場所だった「泉の広場」（昭和46年）

豪華な噴水が目印になり、約半世紀にわたり待ち合わせ場所として親しまれた梅田地下街「泉の広場」。シンボルの噴水は昭和45年に登場。その後3代目まで設置されたが、2019（平成31）年5月に撤去された。

大阪市営トロリーバスが走る…（昭和44年）

モータリゼーションの発達で、市電とともに厄介者扱いされたトロリーバス。大阪万博開催中の1970（昭和45）年6月に市電よりもやや遅れて全廃された。写真はその1年前に撮影された貴重な1枚。

見どころスポット

梅田地下街

北区の中心地・梅田の地下フロアには、ホワイティうめだ、ディアモール大阪と言った個性ある商業施設群が発達。また、曾根崎通以南の四つ橋筋の地下にあるドージマ地下センターともつながっており、日本最大級の地下街を形成している。

グランフロント大阪

JR貨物梅田貨物駅跡地の開発エリア「うめきた」に所在する複合商業施設。2013（平成25）年4月に先行開発区域として開業した。写真は地上38階地下3階（高さ179.5m）、オフィス・商業スペースの南館。

うめだ歩行者天国（昭和49年9月）

歩行者優先の空間を整備する取り組みは昔も今も全国的に広がっている。写真は昭和49年9月に撮影された梅田の歩行者天国の様子。写真奥には北野劇場やスカラ座などの映画館もある懐かしい風景。

大阪市中央公会堂（昭和47年）

2002（平成14）年12月に国の重要文化財に指定され、2018（平成30）年5月に100周年を迎えた「大阪市中央公会堂」（北区中之島）。写真は昭和47年当時実施された中央公会堂前の"歩行者天国"で遊ぶ少年たち。

阪急東通商店街（昭和50年3月、昭和53年5月）

文字通り阪急の東側に広がる戦後からの古い地元の商店街。北区の小松原町と堂山町と神山町に広がっている。リーズナブルな価格や営業時間が長いのが魅力で、昔も今も賑わっている。

北新地

クラブ、ラウンジ、スナック、バー、小料理屋などが軒を連ねる、大阪キタを代表する高級歓楽街。財界人の情報交換の場として栄えたため、"夜の商工会議所"とも呼ばれたりする。大阪駅前のダイヤモンド地区（梅田1丁目）に南接して東西に細長く広がっている。

梅田換気塔

阪急百貨店の南側にある緑地帯に建つ5本の塔は、その下に広がる地下街の換気塔。地下に清浄な空気を送るために筒状になっている。1963（昭和38）年の地下街開業に合わせて建設されたもので、建築家・村野藤吾が設計した。

大正～昭和初期の阪神急行電鉄「沿線ご案内」

開業当時は阪神急行電鉄、その後、呼称が変わったが、阪急沿線には早くから観光スポットが点在。それを案内するカラフルな地図が開業時から発行されていた。ここに紹介するのは古き佳き時代のもの。発行された年代、描かれている駅や沿線施設などから、当時を推定するのはとても楽しい。

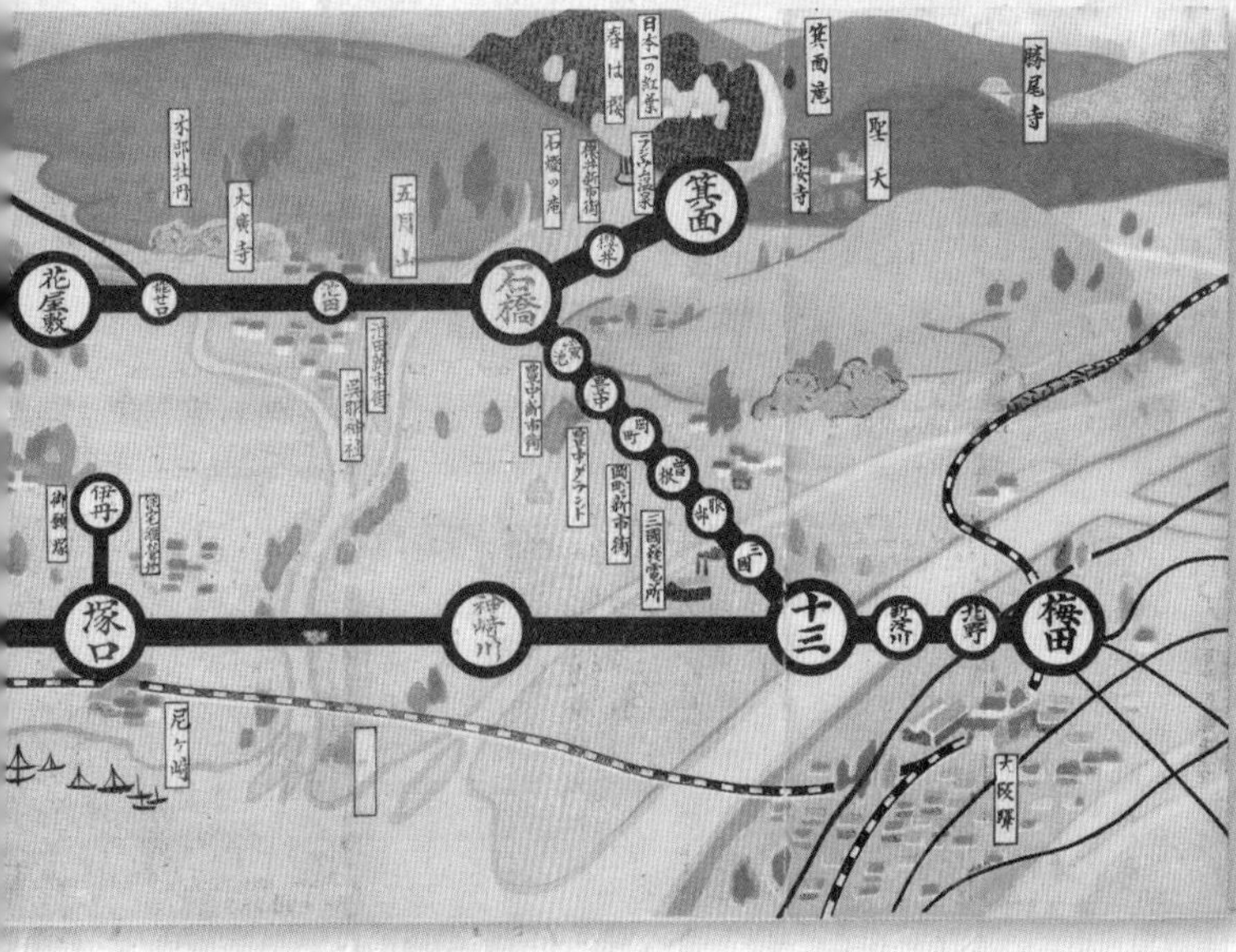

【1920（大正9）年】
阪神急行電鉄『沿線御案内』

阪神急行電鉄神戸線が1920（大正9）年に開通する際に発行されたと推定する沿線案内のパンフレット。今津線は、まだ開通していない。

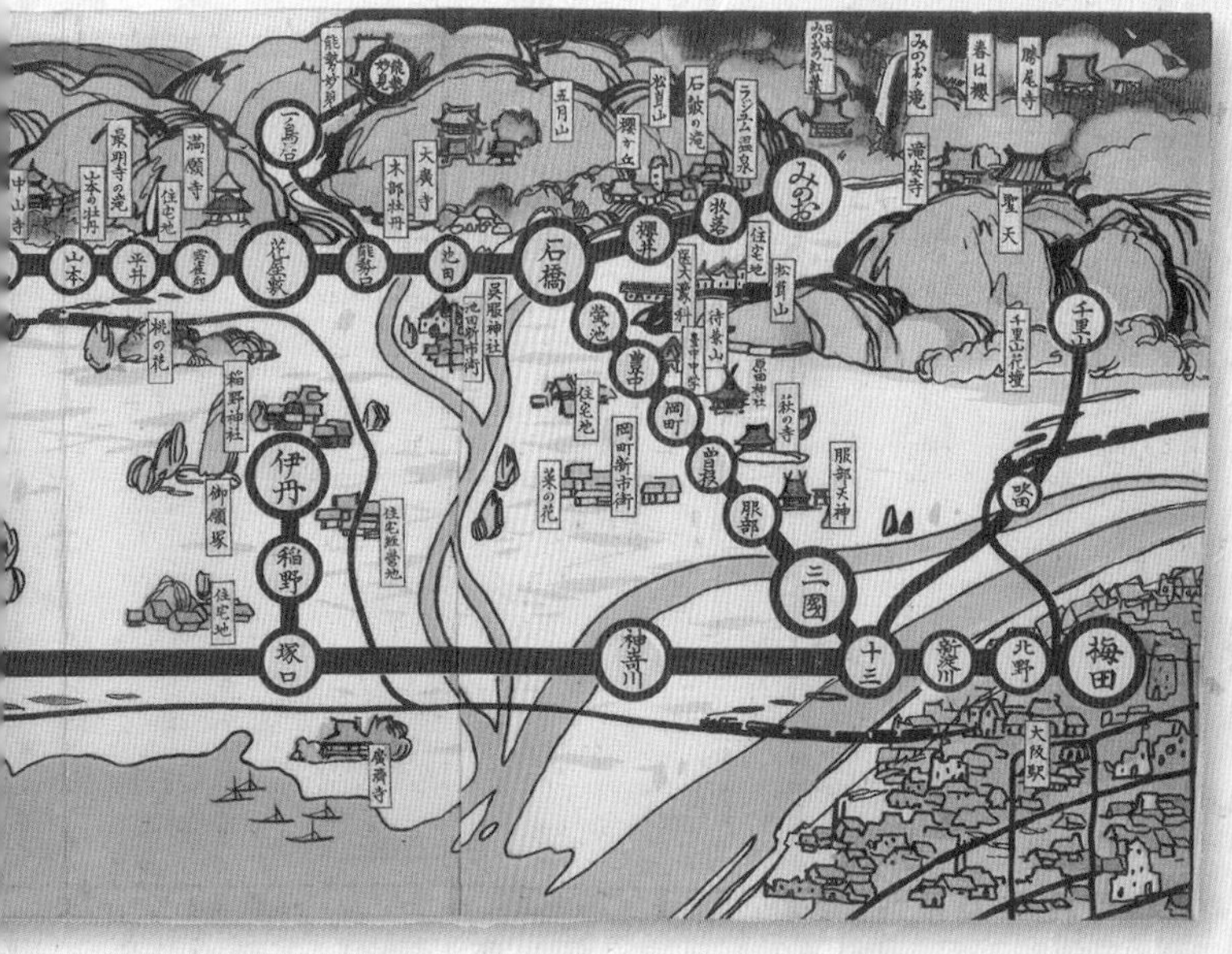

【1922（大正11）年】
阪神急行電鉄『沿線御案内』

1922（大正11）年頃に発行された阪神急行電鉄の沿線案内のパンフレット。表紙には、パンタグラフとポールを備えた75形ふうの電車が描かれている。

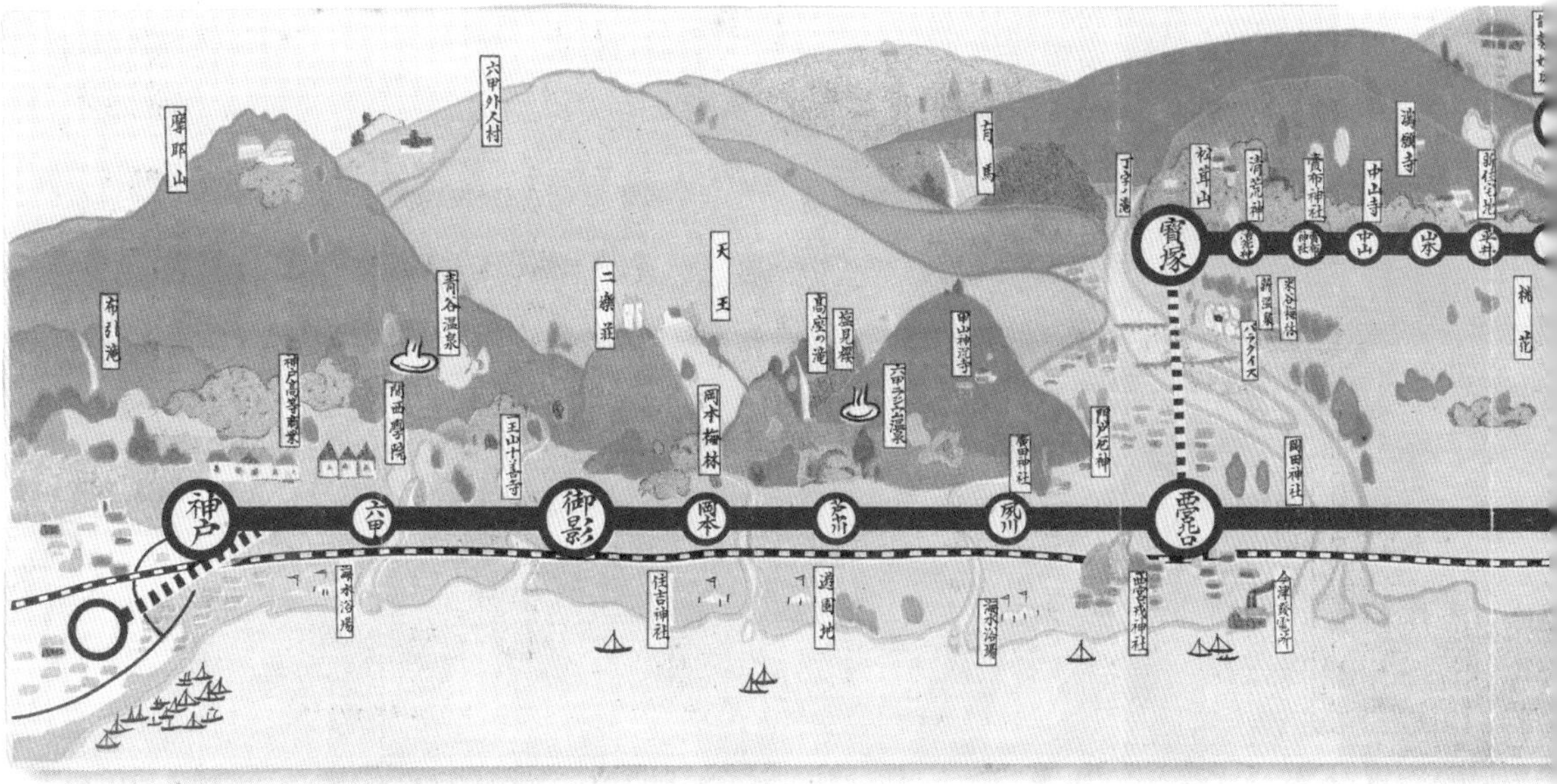

摩耶山
六甲外人村
布引滝
青谷温泉
神戸高等商業
関西學院
二楽荘
天王
王山十善寺
岡本梅林
高座の滝
有馬
甲山神呪寺
廣田神社
門戸厄神
丁字ヶ滝
松茸山
清荒神
賣布神社
中山寺
満願寺
パラダイス
岡田神社
神戸
六甲
御影
岡本
夙川
寳塚
中山
住吉神社
遊園地
海水浴場
西宮戎神社
今津發電所

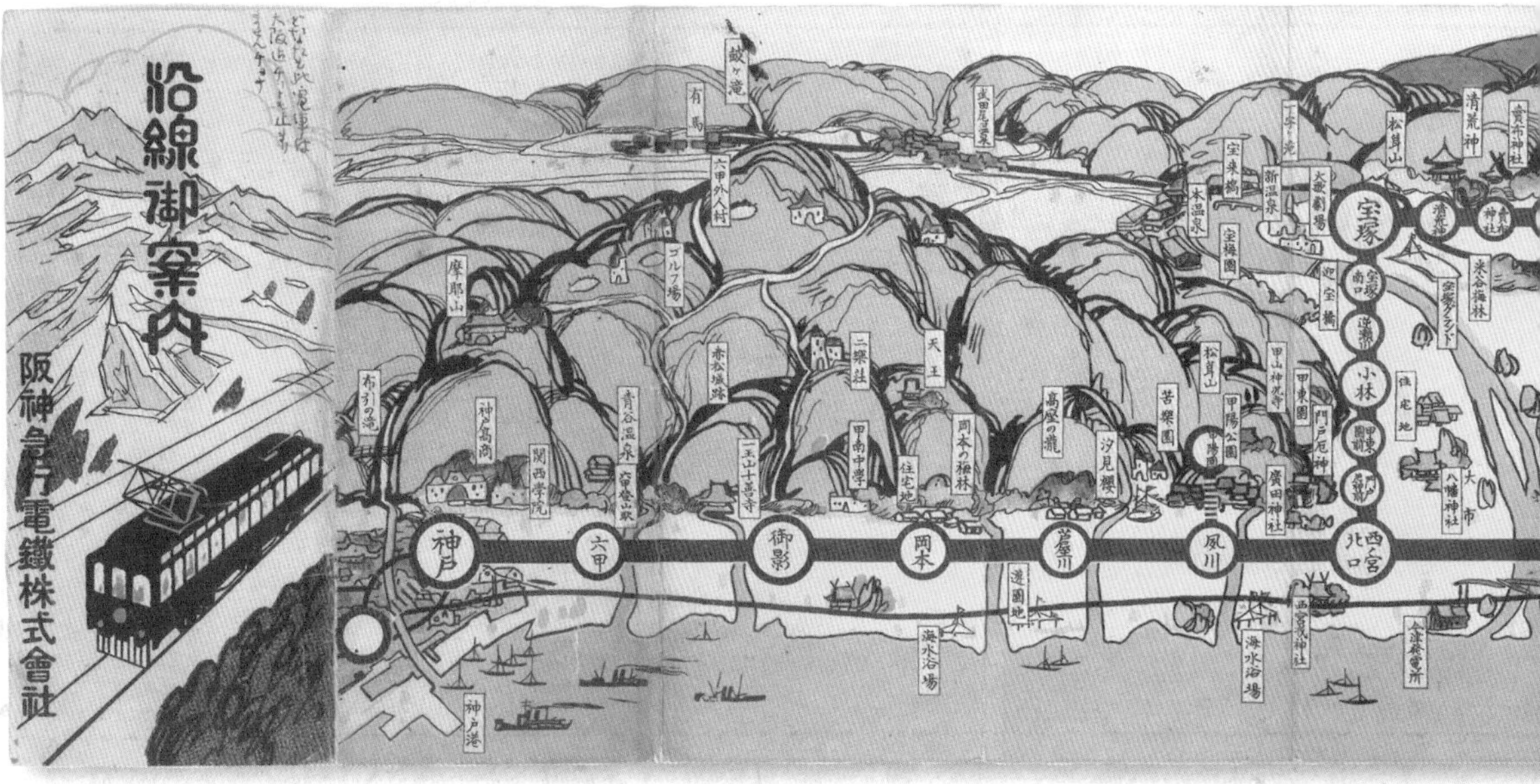

沿線御案内
阪神急行電鐵株式會社
鼓ヶ滝
有馬
六甲外人村
ゴルフ場
摩耶山
赤松城跡
布引の滝
神戸高商
關西學院
青谷温泉
六甲登山駅
一王山十善寺
甲南中學
二楽荘
天王
住宅地
岡本の梅林
高座の瀧
汐見櫻
苦楽園
松茸山
甲陽公園
甲山神呪寺
甲東園
門戸厄神
廣田神社
武田尾温泉
宝来橋
本温泉
宝梅園
新温泉
大歌劇場
丁字ヶ滝
清荒神
賣布神社
迎宝橋
宝塚
宝塚南口
逆瀬川
小林
甲東園前
西宮北口
八幡神社
大市
米谷梅林
神戸
六甲
御影
岡本
夙川
遊園地
海水浴場
西宮戎神社
今津發電所
神戸港

所蔵：竹村忠洋

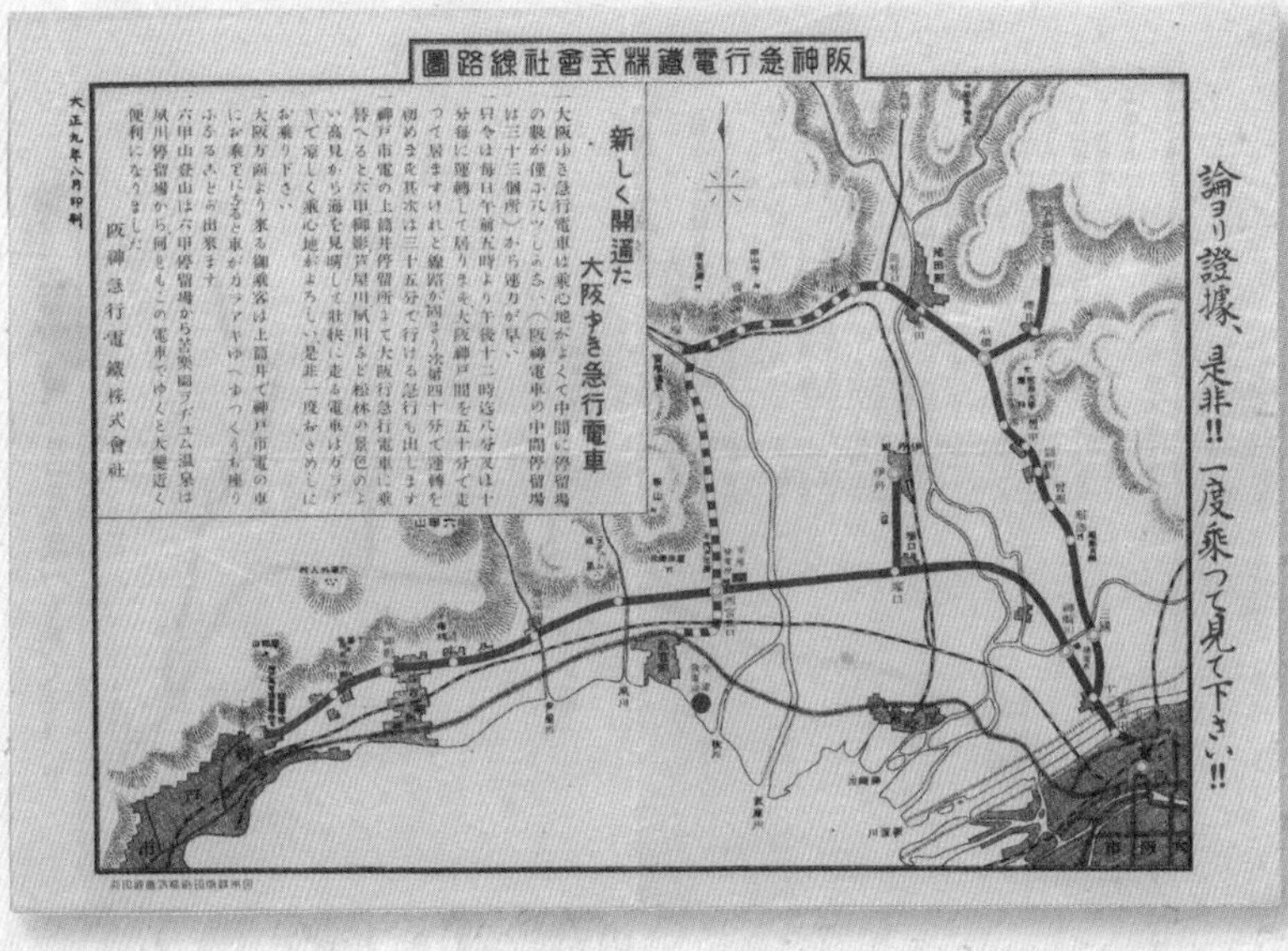

【1920(大正9)年8月印刷】
阪神急行路線図(「ガラアキ」)

阪神急行電鉄神戸線が開通した1920(大正9)年に発行された路線図のチラシ。左上の枠内に記された阪神急行電鉄の説明文には、「電車はガラアキで涼しく乗心地がよろしい」と、まだ、住宅が少ない六甲山麓を走る鉄道経営にとってのマイナスを逆手にとったコピーが見える。

【1920(大正9)年9月5日発行】
『梅田より神戸 箕面 宝塚へ 阪神急行電鉄沿線御案内』冊子

阪急神戸線が開通した1920(大正9)年に発行された沿線案内の冊子。46頁。沿線の名所を写真入りで駅ごとに紹介し、年中行事や賃金表等も掲載している。

【1922(大正11)年4月5日】
芦屋の名所「汐見桜」の絵葉書に貼られた乗車券

「汐見桜」は、大正時代の芦屋の銘木。1922(大正11)年4月5日に阪急電車でこの桜の花を見に来た記念に、切手にスタンプを押した絵葉書に当日の乗車券を貼ったのだろうか。

所蔵:竹村忠洋(特記以外)

【1921（大正10）年頃】
阪神急行電鉄
『沿線案内パンフレット』

1921（大正10）年頃に発行された阪神急行電鉄の沿線案内のパンフレット。この案内図には神戸延長線が載されている。　所蔵：前田康男

【1936（昭和11）年10月29日】
阪急電鉄チラシ
（大観艦式）

1936（昭和11）年10月29日、日本海軍が神戸沖で軍艦100隻、航空機100機による大演習観艦式を行なったが、阪急神戸線沿線の高台14ヶ所を絶好地としてPRしている。

【昭和8年頃】
春は阪急沿線から

重い冬のコートにさよならしたら、お出かけが楽しい季節!このパンフレットの裏側には、春の阪急沿線の案内として、さくら、つつじ、わらび狩り、ピクニックの好適地などが載っている。

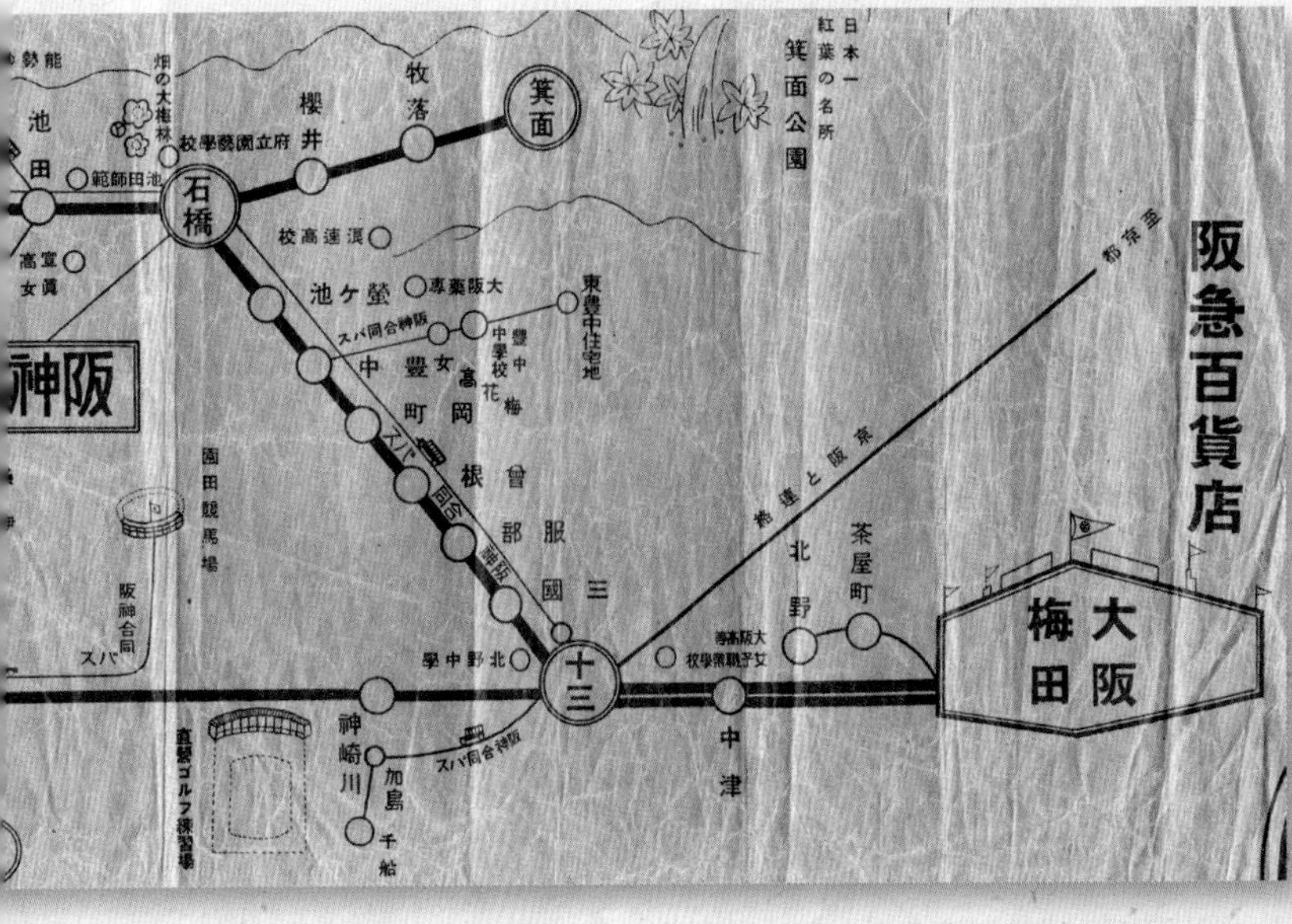

【昭和6年頃】
阪急百貨店包装紙に描かれた線路図

昭和6年頃の、阪急百貨店の包装紙。この線路図の上には、阪急百貨店のビルが描かれていた。当時は包装紙にまで線路図が描かれていた。

【昭和8年頃】
阪急電車沿線案内図

パンフレットの表紙を飾るのはみのおの滝！この頃の阪急沿線も、宝塚大劇場、宝塚旧温泉の他、みのお公園、六甲山などの行楽地が盛りだくさん!その案内が掲載されている。

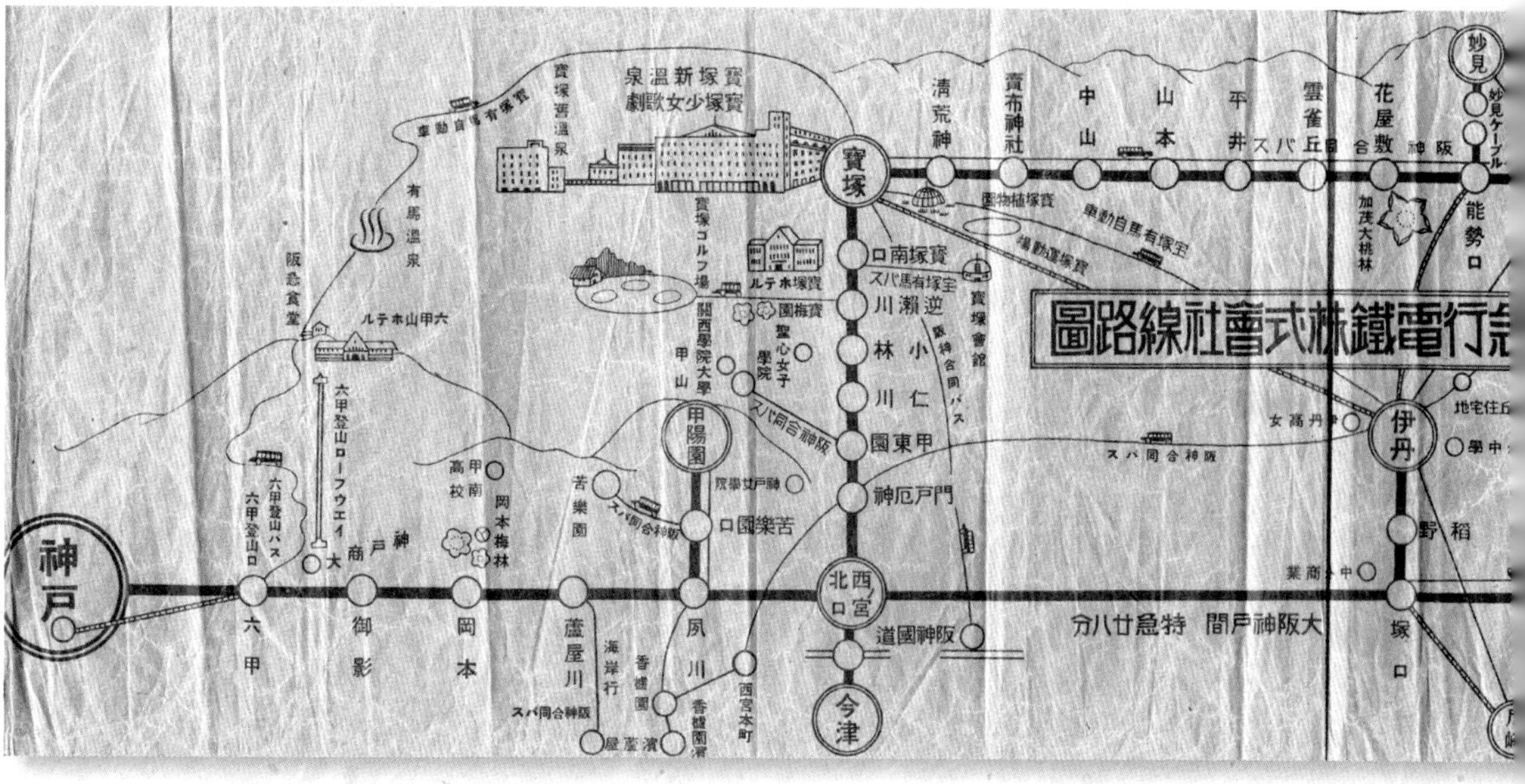

所蔵：前田康男

中津《なかつ》

神戸線

高架ホームから梅田周辺が一望できる近くに画家・佐伯祐三が生まれた寺も

夕刻時の中津駅ホーム（所蔵：上野又勇）

灯りのともった狭いホームに電車を待つ人たちがチラホラと。写真奥の京都線を、梅田行きの電車が通過して行くのも見える。右側が梅田方面。

夕暮れの中津駅

高架下に設けられた中津駅の改札口は梅田寄りの一ヶ所のみ。駅全体の構造は開業当時とあまり変わっていない。平日の日中は閑散とした印象を受ける。

淀川鉄橋

写真左側は十三駅と中津駅の間にある淀川鉄橋を渡る神戸線の特急電車。中津駅は通過し、そのまま梅田に向かう。中央の線路は宝塚線、右側を走るのは京都線の電車。

神戸線開業の5年後、梅田駅の高架ホーム使用と同時に開設された中津駅。梅田の繁華街までは徒歩圏内だが、日中もひっそりした感じが漂っている。ホーム幅は狭いが、島式の高架ホームからは周囲360度が見渡せ、梅田近辺に林立する建物が目前に迫って見える。

かつては北野線と阪神電車北大阪（野田―天六）の乗り換え駅として朝夕のラッシュ時には賑わったこともあったが、現在は神戸線と宝塚線の普通列車だけが停車。京都線の列車はすべてが通過する。この駅が活気づくのは、毎年8月に淀川で開催される「なにわ淀川花火大会」の時だ。会場の最寄駅となっている。

駅周辺には富島神社、豊崎神社、永照寺などの寺社が多い。そして富島神社に隣接する浄土真宗本願寺派の寺院・光徳寺は日本近代絵画を代表する画家で、パリ風景を描いた佐伯祐三の生誕地として知られる。

この寺で生まれた佐伯祐三は、東京美術学校（現・東京藝術大学）を卒業後フランスに渡るが、30歳の若さで病没。その独特のタッチで描いた絵は大阪の実業家で美術コレクター・山本發次郎に見出され注目された。光徳寺境内には「佐伯祐三生誕の地」の石碑が建てられている。

阪神中津踏線橋（提供：上野又勇）

国鉄の貨物線をまたぐ鉄道橋の西端にあった阪神北大阪線の中津停留場。阪急電鉄の中津駅と接続する停留所で、路面電車と阪急神戸線が橋梁を併走する光景も見られた。

中津駅ホーム

現在も細長くて狭い中津駅の高架ホーム。ホームからは梅田エリアに林立するビル群がよくみえる。

見どころスポット

富島神社

中津駅より北東に徒歩7分のところに鎮座する。創建年代は不詳だが社伝によると室町時代には存在し、牛頭天王社と称していた。中津住民の氏神様として古くから親しまれている。

佐伯祐三の生誕地碑

生誕碑は富島神社に隣接する光徳寺の敷地内に建ち、奥には祐三父娘も眠る佐伯家累代のお墓もある。かつて佐伯祐三が育った広壮な光徳寺は戦災で全焼。当時の面影を偲ぶことは出来ない。現在は「社会福祉法人・光徳寺善隣館中津学園」が新設されている。

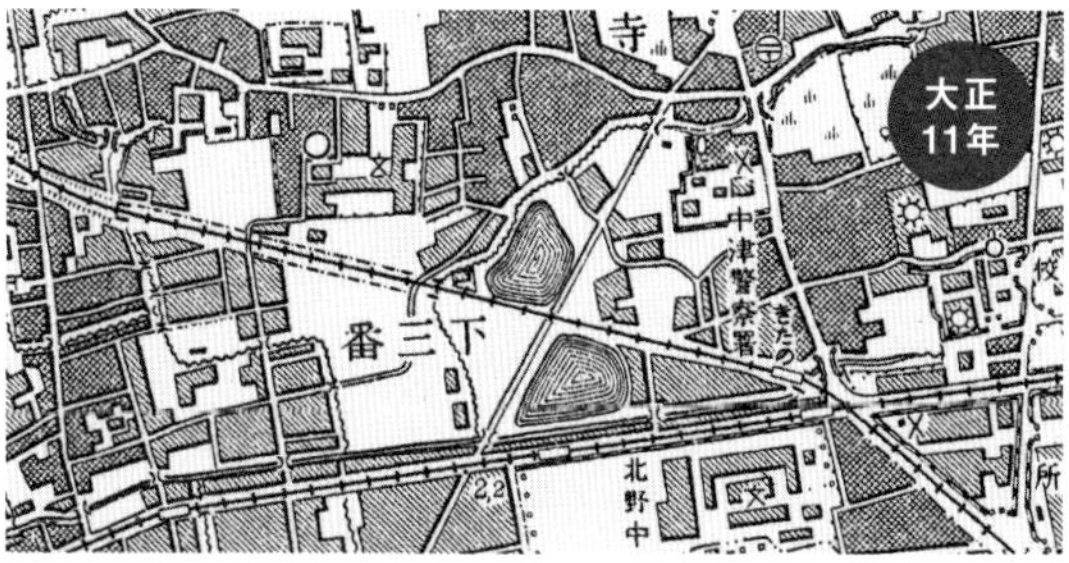

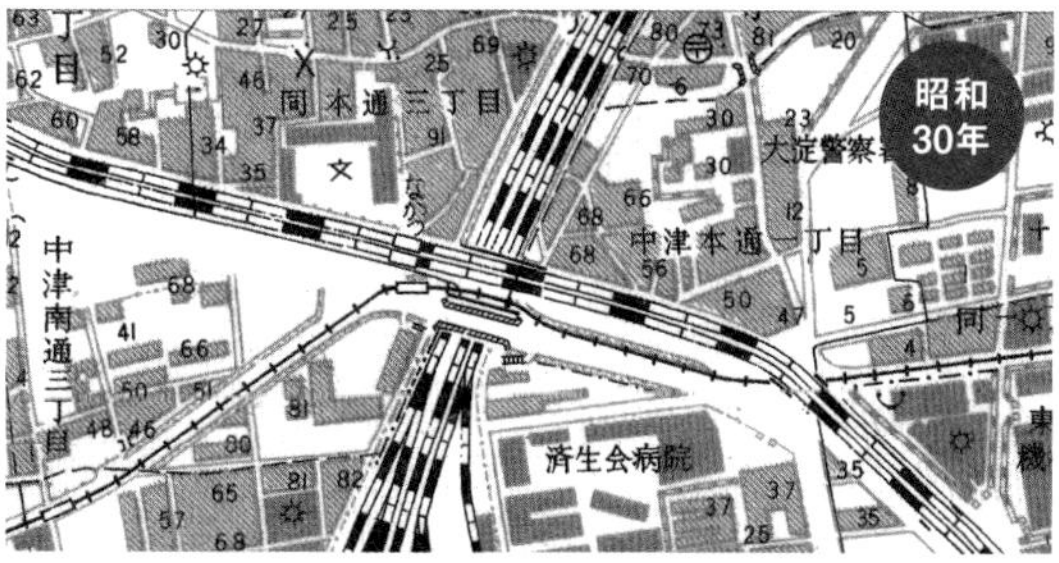

古地図探訪

中津駅の開業は梅田〜十三間の高架化が行われていた1925（大正14）年11月。駅が出来ると阪神電鉄北大阪線と併走。その後中津駅付近は梅田貨物線との交差地点となる。

十三《じゅうそう》

神戸線

神戸・宝塚・京都線が分岐する主要駅 駅周辺は活気あふれる繁華街で賑わう

十三駅（提供：阪急電鉄）

十三駅は、神戸線、宝塚線、京都線の分岐駅だが、駅舎自体は東口、西口ともこぢんまりしている。どちらかと言うと西口のほうがメインのような印象だが、東口も商店街が充実。こちらは比較的昔ながらの庶民的な店が目立つ。

十三駅西口

駅前からアーケードの商店街があり、国道176号の交差点を渡るとそのまま本町商店街などの繁華街につながっていく。西口の改札を出たところに「十三焼」（享保12年創業）で有名な今里屋久兵衛の焼き餅店がある。

十三の飲み屋街

細い路地に小さな店がひしめき合う。特に十三駅西南側の栄町エリアに飲食店、パチンコ店、飲み屋街が密集している。夜ともなればネオンが輝き、歓楽街ならではの活気があふれる。

大阪梅田から神戸・宝塚・京都へと、まるで扇のように広がる阪急沿線。その扇の要のところに位置するのが十三駅である。

各路線の十三駅開設は、宝塚線、神戸線、そして京都線の順。やがて扇が広がるように重要性が増すが、神戸線では、阪神間を1分1秒でも早く運転するという激しいスピード競争のあおりで、十三駅は長らく特急の停車駅から見放されていた。

十三駅にようやく神戸線の特急がすべて停車するようになったのは1949（昭和24）年のことである。その後3路線の乗り換え駅として大規模駅へと発展。1959（昭和34）年には、梅田～十三間で私鉄初の3複線化を実現させて話題となった。

ところで「十三」の地名の由来は諸説あるが、淀川の十三番目の渡し場だった…というのが有力で、十三大橋のたもとに「十三渡しの跡」の碑が立っている。そして、享保年間から渡し場付近でに売られていたという「十三の焼き餅」は今も駅前で売られている。創業者の小林一三もこの焼き餅のファンだったという。

駅前には商店街や繁華街が広がり、駅東には十三戎で賑わう神津神社がある。南方を流れる淀川は夏の「なにわ淀川花火大会」でも有名だ。

大阪～神戸直通特急（撮影：荻原二郎）

2大都市を結ぶ神戸線開業以降、現在まで国鉄（現・JR西日本）、阪神電車としのぎを削る競争が続けられている。

十三駅前の道路・十三筋の渋滞（提供：上野又勇）

十三駅の西側には、大阪の大動脈でもある国道176号が通っている。昭和30年代には淀川に架かる橋も少なく、その上、トロリーバスも走り、写真に見るように慢性的な渋滞が発生していた。これを解消すべく計画されたのが後の十三バイパスだ。新十三大橋ともども1967（昭和41）年に完成した。

見どころスポット

十三渡し跡

「十三渡し跡」碑は、十三大橋北詰のすぐ西側、淀川北岸の堤防上にある。かつて淀川は下流で多くの河川に分流。その一つ中津川の南北を渡し船が行き来していた。十三は北岸船着き場周辺の地名。一度消滅するが阪急が駅名を「十三駅」としたことで地名も復活した。

淀川河川公園

文字通り、淀川の河川敷にある国営公園。川に活かされた河川敷で、身近な自然が楽しめ、梅田の超高層ビル群の眺望スポットでもある。地区によるが、野球場・テニスコート・陸上トラック、サッカー場などもあり、スポーツを楽しむ場所としても利用されている。

神津神社

もとは八幡神社と称していたが、中津川・神崎川の氾濫で旧記録が流失、創建の年代は不詳。土地の守護神、厄除の神、学問の神様などが祀られている。毎月13日には様々な店が並ぶ「十三市」が開かれる。

十三駅から徒歩5分。

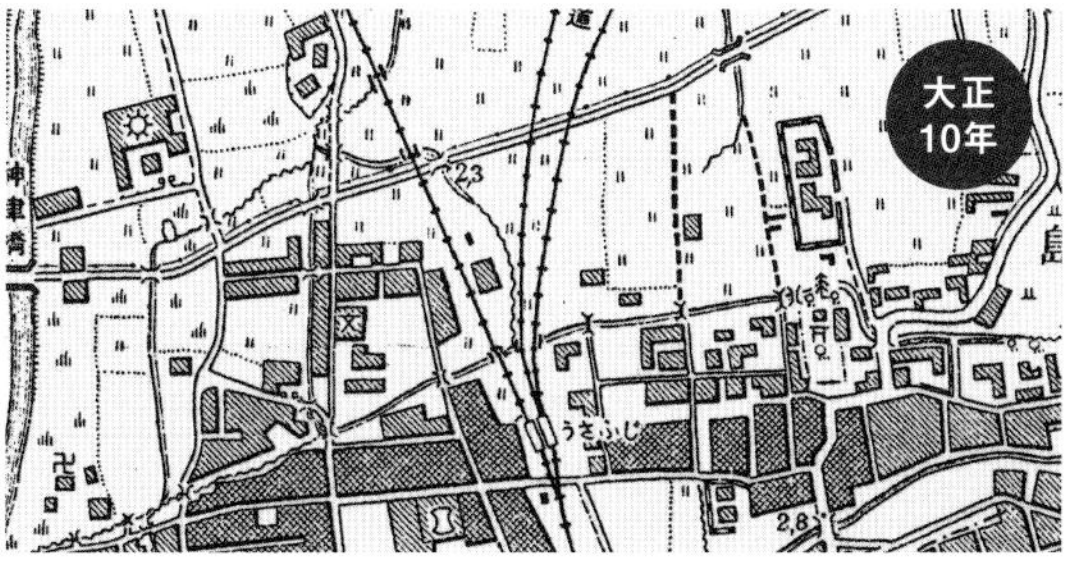

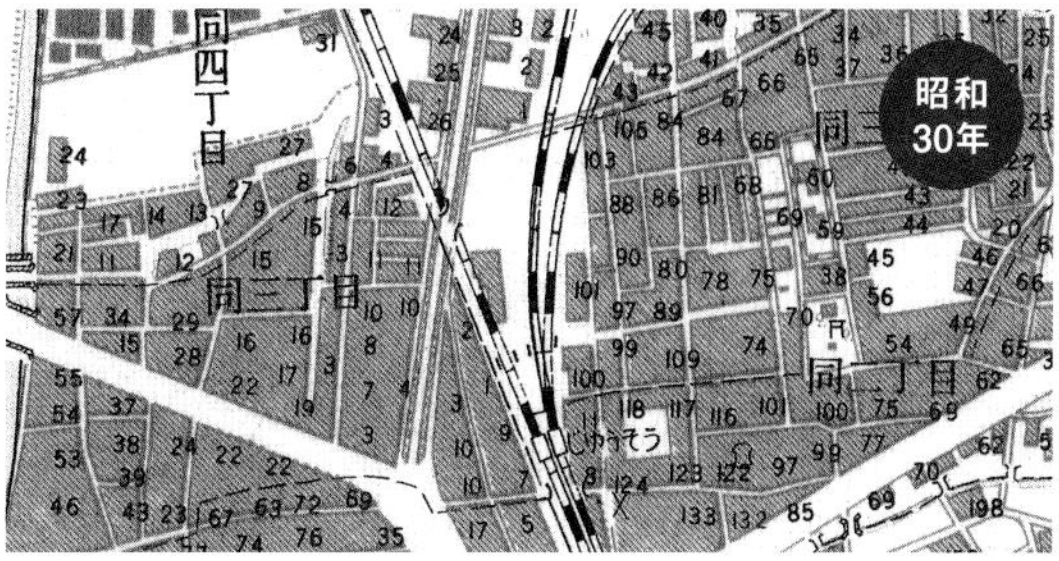

古地図探訪

箕面有馬鉄道軌道時代、十三駅は宝塚線だけだったが、大正9年に神戸線が開業。翌年に北大阪電気鉄道（現・京都線）が路線に加わり、阪急3線の重要な分岐駅となった。

神崎川

かんざきがわ

神戸線

神崎川の手前、大阪寄りに位置する。阪急が開業した関西初のゴルフ場も

神崎川駅
（提供：阪急電鉄）

駅名の由来でもある神崎川のすぐ南東側に位置する神崎川駅。駅舎は神戸（三宮）寄りの改札口で、左手（西）がすぐ神崎川。東側にレンガ造りの神崎川変電所が見える。

神崎川駅

改札口はホーム下の梅田寄りと三宮方面の三宮寄りの2ヶ所。写真右は梅田方面ホーム下の南口で、エレベーターや多機能トイレも併設されている。

神崎川駅は、１９２０（大正９）年７月に開業した。駅は神崎川の手前、梅田寄りに設けられ、その先に神崎川橋梁が架かっている。

１９３５（昭和10）年に鉄橋に並行して神州橋が架かるまでは、神崎川には、大阪市側（神崎川駅側）と対岸の豊中市側を結ぶ渡し船が往復していた。その頃は神崎川もきれいな状態で、昭和30年頃までは子どもたちが泳いだり、シジミを採ったりするのを駅から眺められたそうだ。

駅の東側には、レンガ造りの阪急神崎川変電所が存在していたが、平成17年に解体されている。

駅が出来て周辺は工場地帯となり、公害問題も起き、昭和40年頃の神崎川はどぶ川状態に。電車が神崎川を渡る時は車内にまで悪臭が漂ったという。その後、行政の努力もあり、現在では魚釣りが楽しめるほどに水質が改善されている。川沿いの駅のため台風による高潮や地震時の津波対策として、橋梁と駅の境界部には防潮扉が設置されている。

駅の対岸には阪急電鉄が１９３１（昭和６）年に関西初のゴルフ練習場としてオープンさせた「神崎川ゴルフ場」が見える。現在は、「つるやゴルフセンター神崎川」に変わっている。

神崎川を渡る電車

神崎川の橋梁を渡る8000系の特急電車。左上に見えるのは神洲橋（現在の橋は昭和45年に架設）で、地元の人が神崎川を渡るための橋として重宝されている。

汚なかった頃の神崎川（提供：上野又勇）

日本中で公害問題がクローズアップされていた昭和40年代。神崎川の汚れも相当なものだった。

つるやゴルフセンター神崎川

旧阪急神崎川ゴルフ練習場。豪快なショットが楽しめる広々とした打球場と本格派のショットコースを備え、ゴルフショップやゴルフ工房なども併設している。

見どころスポット

神崎川堤なにわ自転車道

地元の人がジョギングしたり、犬を連れて歩くスポット。堤防上の道から一段低いところに「なにわ自転車道」があり、距離表示もされている。心地よい河畔の道として散歩が楽しめる。豊中市大島町。神崎川から徒歩5分。

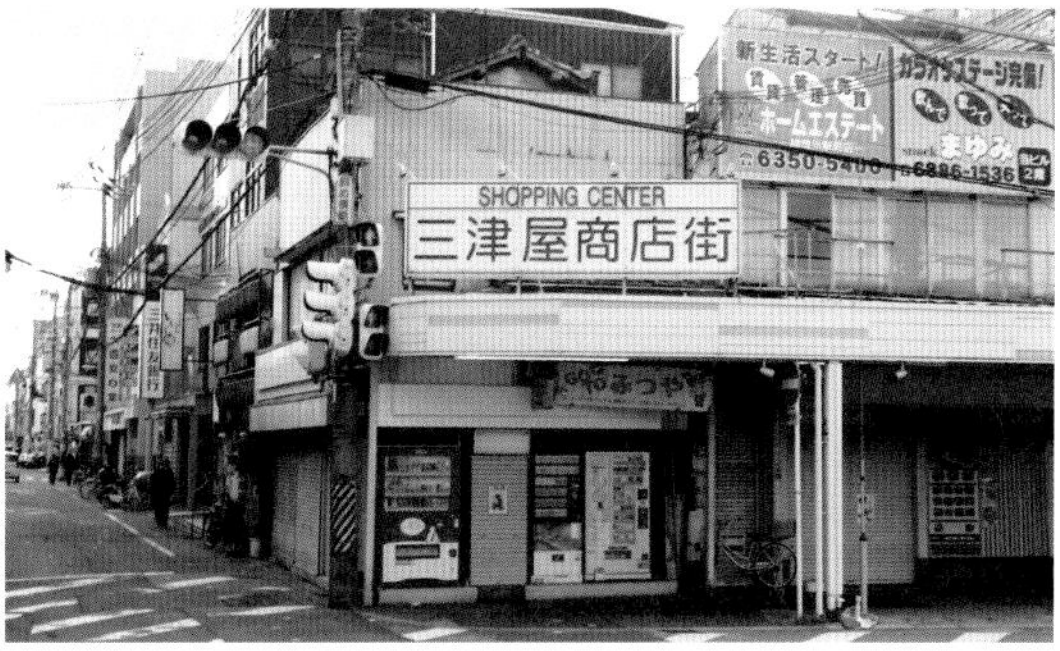

三津屋商店街

懐かしい昭和の雰囲気が漂う商店街。集客のためのイベントの一つ、「ヤカーリング」が有名。これは重しを入れた8リットルのヤカンをカーリングのストーンに見立てて競う競技だ。世界大会の開催でも話題に。淀川区三津屋北1-8-1　神崎川駅から西へ約100m

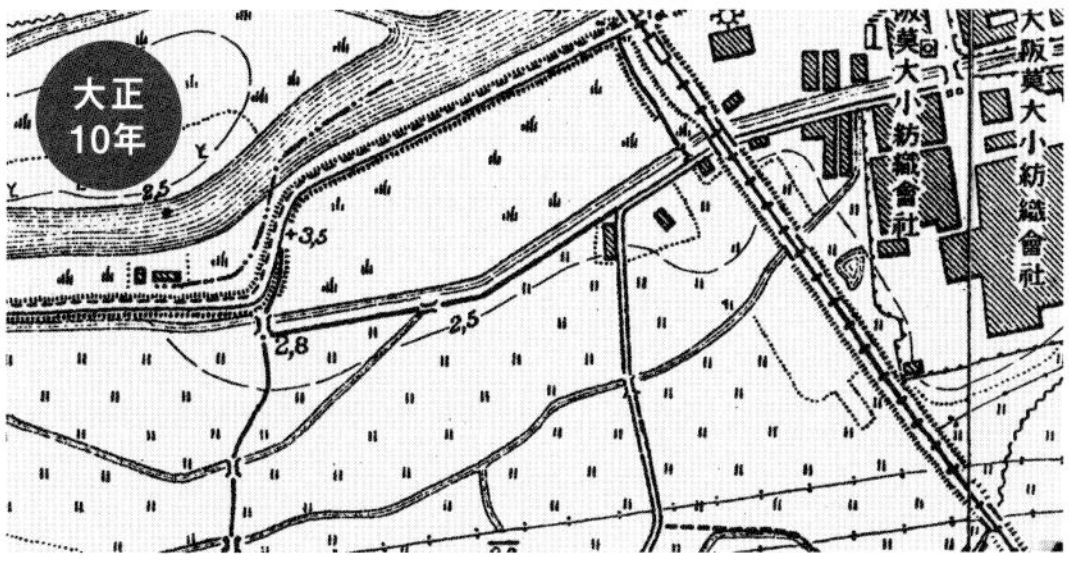

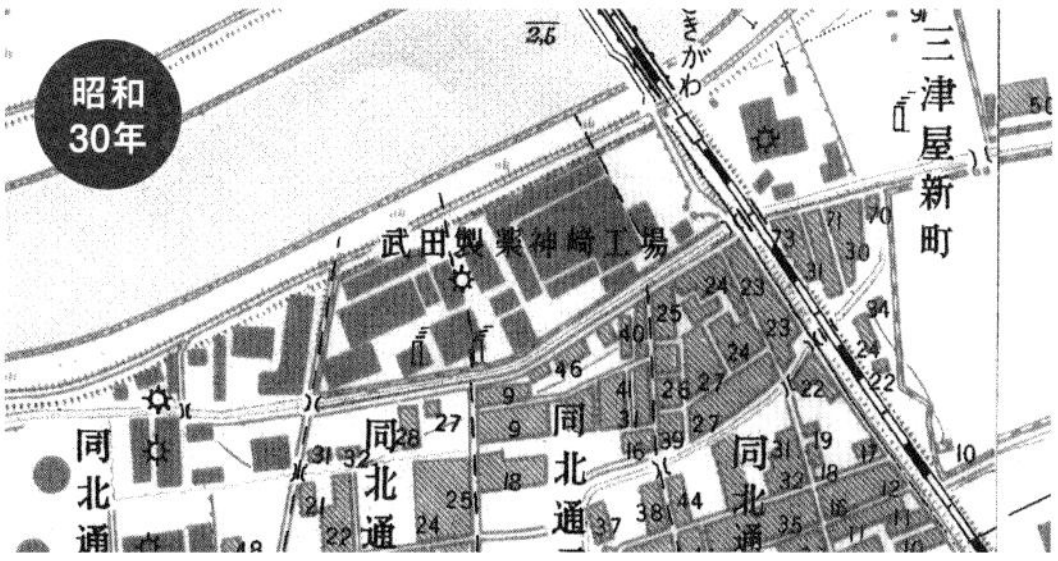

古地図探訪

1920（大正9）年7月、神崎川駅は神崎川の手前に置かれた。翌年の地図（左）を見ると、その後に建てられた武田製薬神崎工場辺りが一面の田園地帯であったことが分かる。

園田
そのだ
神戸線

阪急の宅地開発で開設された駅 沿線初のバリアフリー駅でもある。

園田駅（提供：あまがさきアーカイブス）

まだ高架になる前ののんびりした雰囲気の園田駅。この10年後に高架化工事が始まり、上り線は昭和51年10月から、下り線と新駅は53年10月から使用開始となった。

園田駅

3階建て駅舎に生まれかわったの新しい園田駅。駅ビルでバリアフリー設備が整ういわば阪急の「モデル駅」であった。高架下の「園田阪急プラザ」には、ファッションから日用品まで多岐にわたる店舗や食料品・飲食店など60店余りが並んだ。

神戸線が開通した当時、園田駅はなかったが、1930（昭和5）年に開場された園田競馬が開催中だけの臨時駅がほぼ同じ場所に設置されていた。その後、園田駅が正式に新設されたのは、1936（昭和11）年10月。阪急が行った「園田住宅地」の販売に合わせてのことだった。園田住宅地は総面積約7万坪という広大な規模だった。

また、駅ができて2年後、阪急は駅近くの法界寺に直営の「園田家庭学園」を開校した。緑の袴をつけて通学する女子学生の姿を見て、当時の駅員たちは張り切ったという。

1974（昭和49）年から始まった園田駅付近の高架化工事に伴い、園田駅の高架駅を兼ねた駅ビル工事がスタート。その後6年の歳月を経て、1980（昭和55）年に完成した。新園田駅には阪急電鉄初の車いす用トイレをはじめ、エレベーター、エスカレーターの最新設備が備えられた。また駅の高架下には飲食店などショップが集まる園田阪急プラザがオープン。阪急のモデル駅舎となった。

園田の地名は、平安時代に近くに「橘御園（たちばなみその）」という果樹園中心の荘園があったことに由来する。やがて果樹栽培は廃れたが、一帯が「御園荘」と呼ばれていたところから「園田」になった。

園田駅付近の空撮
（提供：あまがさきアーカイブス）

園田駅の8000系電車

園田駅に入る8000系の電車。神戸線、宝塚線で使う車両で、前面形状のバリエーションが豊富で、量産型VVVF制御車として登場した。しかし車両の形式は変わっても、マルーン色は変わらない。

高架化工事完成直後に園田駅を通過する阪急電車

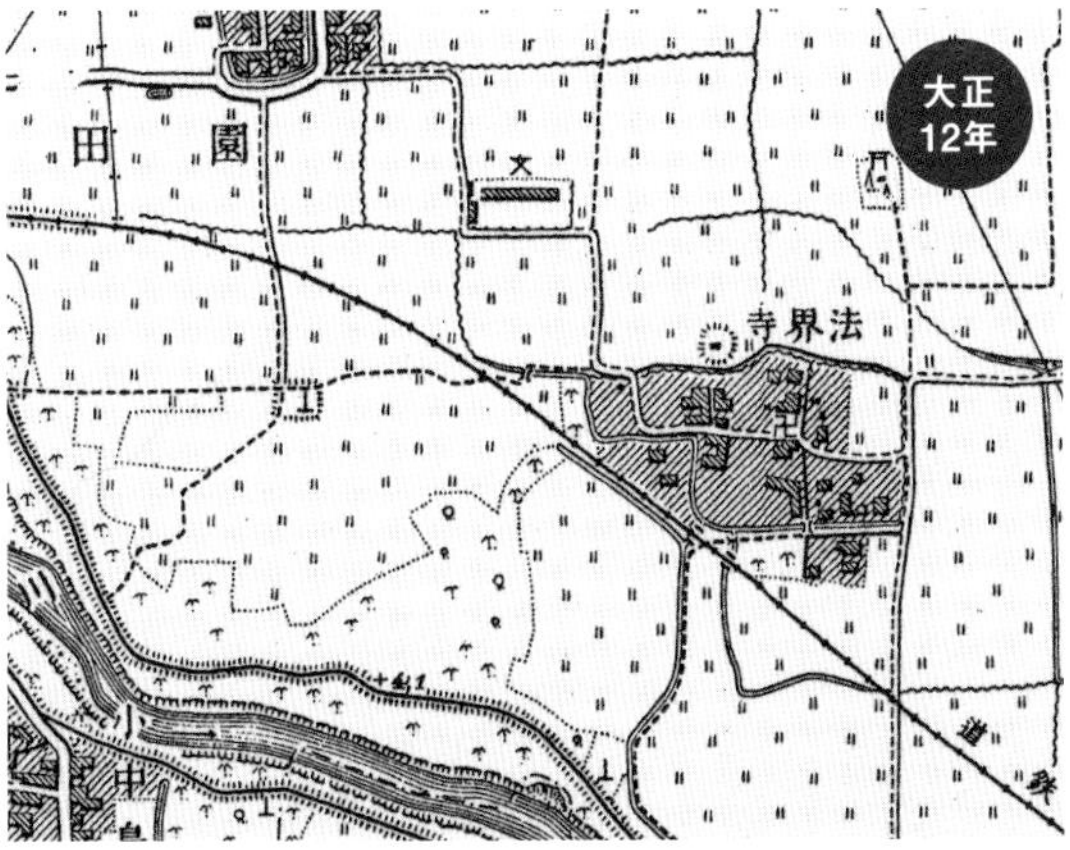

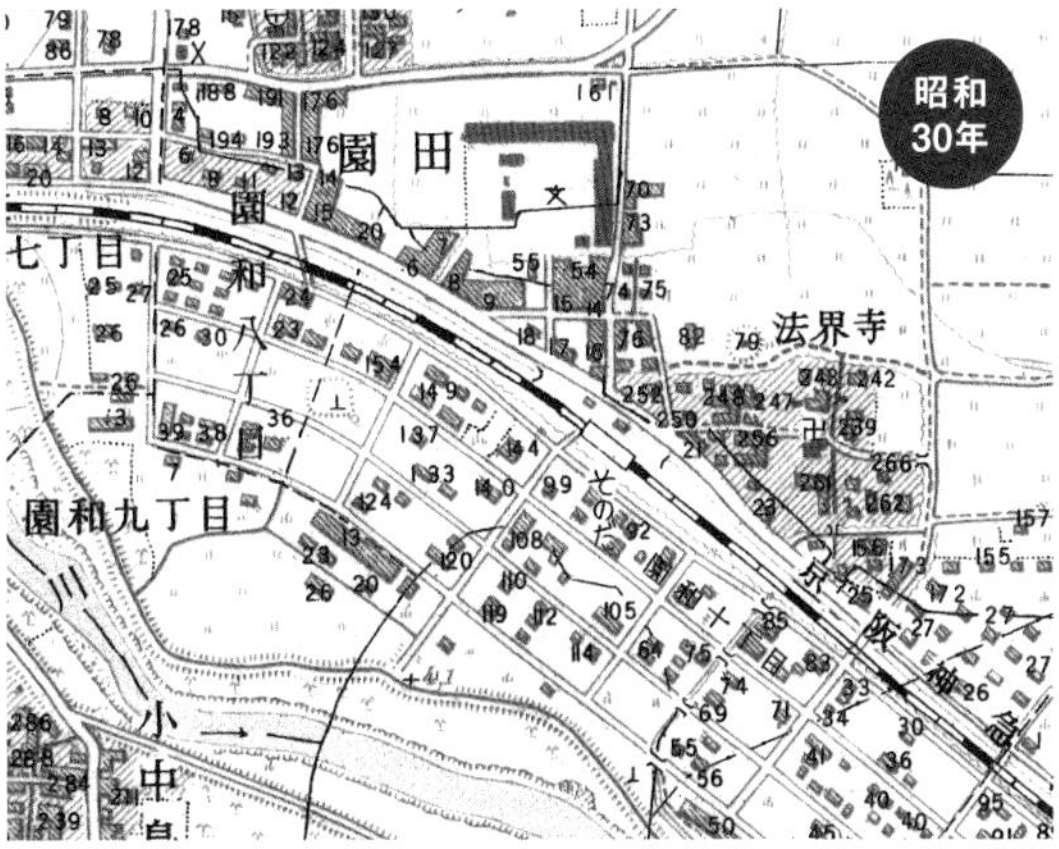

古地図探訪

園田競馬開催時における臨時駅としてスタートした園田駅。1936（昭和11）年10月に正式な駅として開業した。阪急電鉄が行った「園田住宅地」の販売に合わせたものだ。

写真提供：西村　豪

園田大住宅地特價大賣出（昭和12年）提供：あまがさきアーカイブス

神戸線が開通した当時、園田駅はなく、遅れて昭和11年10月に開設された。ちょうど園田住宅地が売り出されたのが、その年の10月のことである。写真は当時の園田駅前にあった阪急電鉄の園田電燈営業所

園田大住宅地大売り出しパンフレット（昭和13年）提供：あまがさきアーカイブス

園田住宅地は総面積約7万坪、戸数180戸、敷地は53〜72坪、建物は2階建てで28〜32坪、値段は6,300〜7,750円であったという。当時の教員の月給が40円ぐらいだったから、庶民には高嶺の花であった。写真は園田大住宅地売り出しに使われたパンフレットの表紙。

全盛期の園田競馬場（昭和42年） 提供:上野又勇

昭和35年にスタンドを新築してから入場人員や売り上げは全国でも上位を記録。昭和41年にはスタンド増築工事が完成した。この頃、園田競馬場は全盛期を迎えていた。

園田競馬場内を疾走する馬

京阪神の唯一の地方競馬として知られる。かつては全レースがアラブ系のみで行われていたのが特徴で、「アラブメッカ」と言われていた。園田駅より無料送迎バス（阪急バス）が随時運行されている。

見どころスポット

尼崎市立農業公園

猪名川沿いにあり、周囲は田んぼや畑に囲まれ、のんびりとした景観が楽しめる。また、全国有数の花の公園でもあり、ウメ・サクラ・ボタン・バラ・ハナショウブなど四季折々の花が楽しめる。
尼崎市田能5-12-1
園田駅からバスで「田能西」下車、徒歩5分

菖蒲園と水田の広がる風景

田能遺跡

田能遺跡は、国史跡に指定され、史跡公園として整備された。公園内の資料館には、田能遺跡から出土した土器や石器が展示されている。また園内には住居が2棟、高床倉庫が1棟復元されている。
尼崎市田能6-5-1　園田駅からバス利用

福田寺《ふくでんじ》

1915（大正4）年、生駒から現在地に移された御本尊は大聖歓喜天。インド古代神話に出て来る神様で、園田聖天、厄除け大師として知られている。境内の不動堂で毎月5日に護摩が焚かれる。
尼崎市園田町4-33　園田駅から徒歩5分

塚口
つかぐち

神戸線・伊丹線

伊丹線の分岐駅として知られる現在、駅前再々開発が進行中

塚口駅南口（提供：あまがさきアーカイブス）

南口の駅前に並んでいるのはバスを待つ人々。まだロータリーもなく、自転車や車も自由に行き交う。

塚口駅南口＆北口

駅の南出口の前（写真右）は駅前ロータリーになり、バスやタクシーの待合室も整備されている。ロータリーの両サイドには「塚口さんさんタウン」があったが、3番館はすでに建て替えられた。また、狭い道を商店がひしめき合っていた駅北側（写真左）もきれいに整備され、駅舎も新しく改築されている。

塚口駅は神戸線・伊丹線の分岐点となっており、1920（大正9）年7月に路線開設と同時に開業した。当時、駅周辺は一面が田圃だった。昭和の初めに阪急が駅南側の塚口住宅地を売り出し、高度経済成長期には環境のよい住宅地が増えていく。

しかし人口増加で無秩序な宅地開発や商店が乱立。見かねた尼崎市は1978（昭和53）年、再開発事業として南口に3棟の複合商業施設「塚口さんさんタウン」を完成させる。

この複合商業施設は長らく塚口のランドマークとしての役割を担って来たが、建造物の老朽化などで、現在、駅前再々開発が行われている。

駅南の変貌に対して、駅北も再開発を目指したが、今のところは実現には至っていない。駅南は商業施設が中心だが、駅北の再開発ビルは住宅が中心になる予定だったという。

塚口駅の北側には伊丹線が発着。伊丹方面からの乗り換え客も押し寄せる。平日朝のラッシュ時には、昔も今も通勤・通学客で大混雑する。

ところで、「塚口」の地名は、地域に古墳が多いのに由来する。かつては塚口古墳群が存在したという。

歴史もあり、駅周辺には職人技を伝える工房も多い。近くに江戸浄瑠璃・歌舞伎作者として知られる近松門左衛門ゆかりの施設もある。

昔

昭和39年

塚口駅北口（提供：あまがさきアーカイブス）

まだ再開発前の塚口駅北口の駅前風景。様々な日用品などを売る庶民的な店が軒を並べている。

昭和52年頃

ラッシュ時の光景（提供：あまがさきアーカイブス）

伊丹方面からの乗り換え客も押し寄せ、平日朝のラッシュ時の駅は通勤・通学客で大混雑していた。

昭和52年

駅前再開発工事（提供：あまがさきアーカイブス）

塚口駅南口は、尼崎市北部の玄関口にふさわしい街づくりを目指して再開発された。再開発工事は、尼崎市初の第一種市街地再開発事業（1971年都市計画決定告示、1978年事業完了）として注目された。写真は急ピッチで工事が進められる塚口駅前南口一帯。

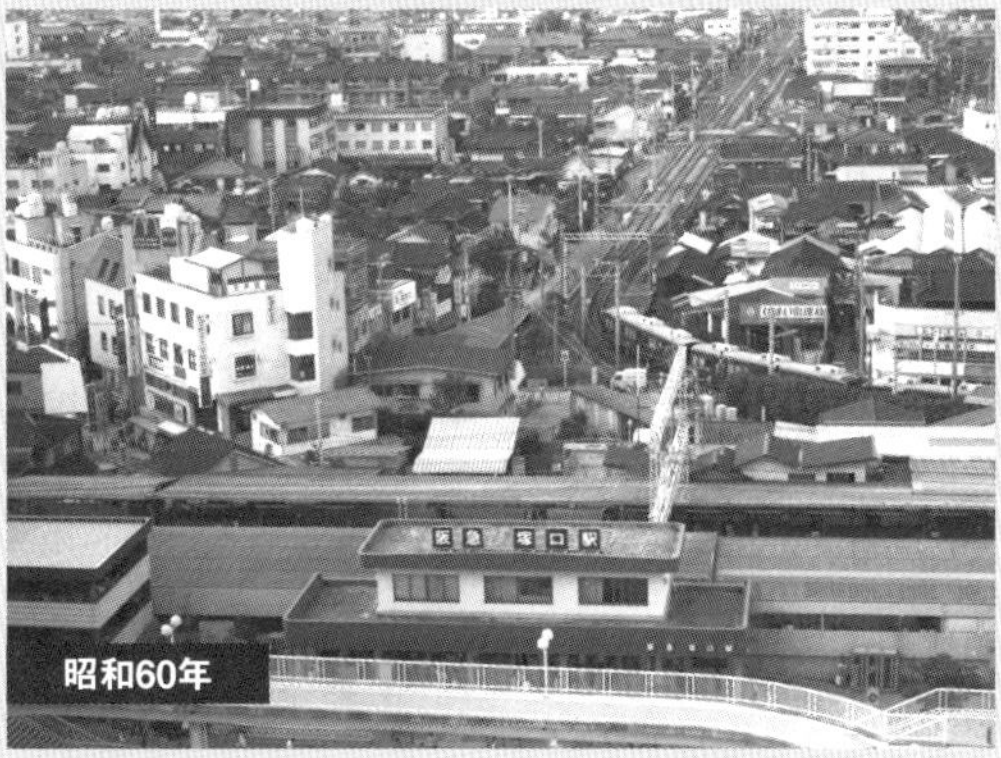

昭和60年

塚口駅南口付近（提供：あまがさきアーカイブス）

1978（昭和53）年、尼崎市の市街地再開発事業により、塚口駅周辺は大きく変貌した。写真は1985（昭和60）年に撮影された塚口駅。駅の北側にまっすぐ伸びる阪急伊丹線の線路や電車も見える。

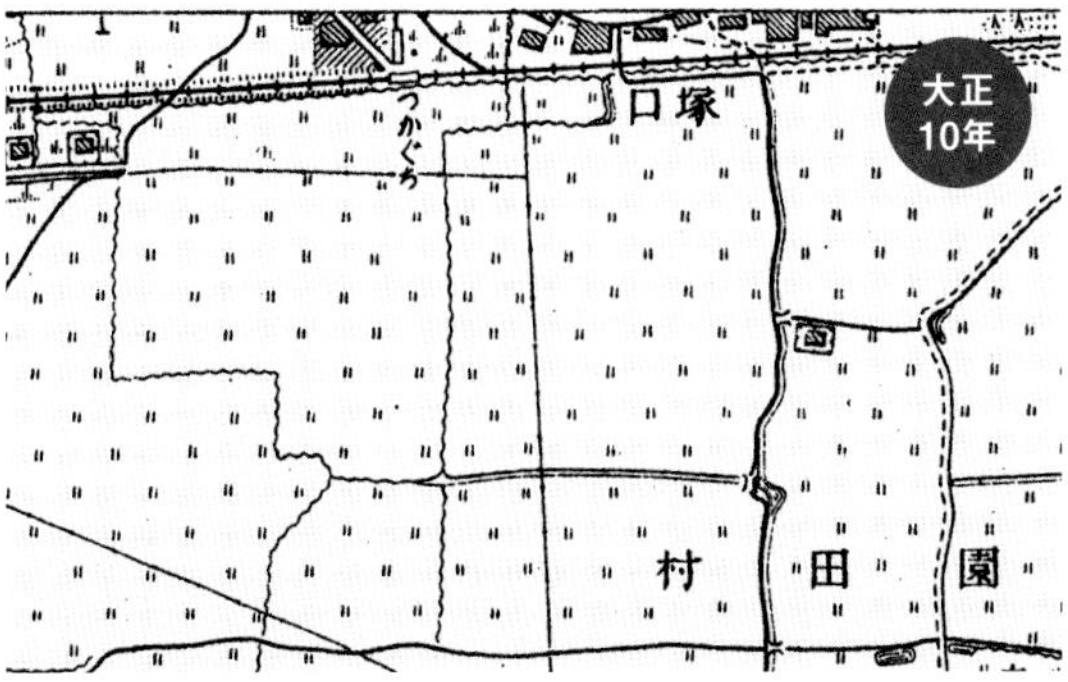

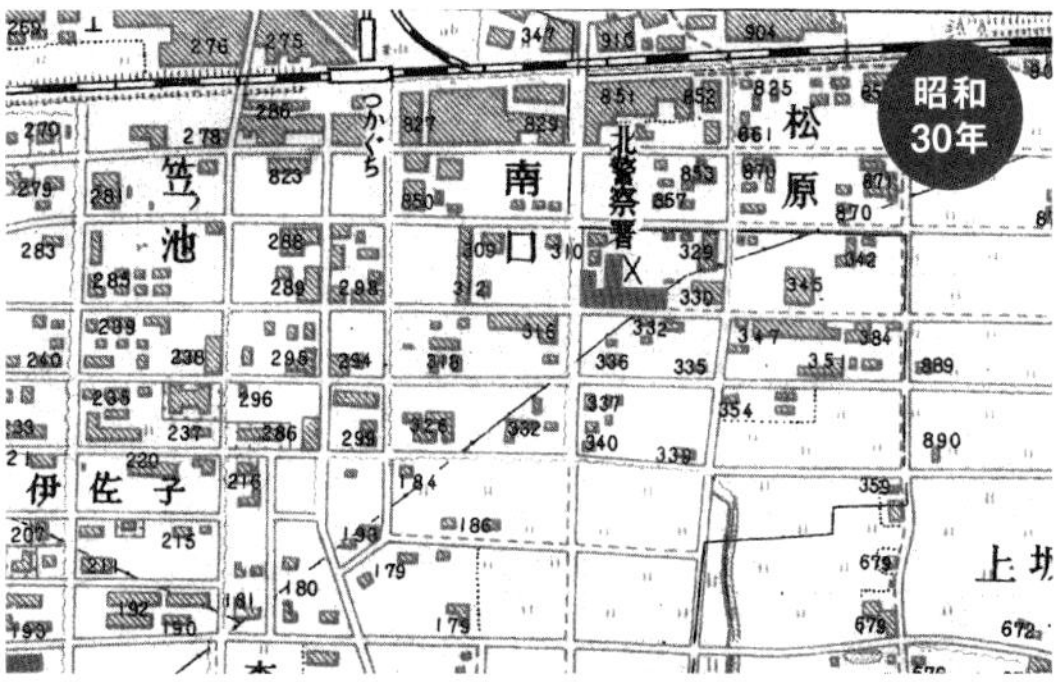

古地図探訪

この地図では北の伊丹線がほとんど見えない。1947（昭和22）年には園田村も尼崎市の一部に。田園地帯から住宅地となった南口は現在の発展ぶりがウソのような感じだ。

塚口駅付近（撮影：あまがさきアーカイブス）

1年前の再開発工事で大変身した塚口駅一帯を中心とした航空写真。塚口さんさんタウンの1号館、2号館、3号館の白い建物が輝いている。

平成８年の塚口駅前（提供：あまがさきアーカイブス）

塚口駅南口駅前のロータリー。バスやタクシーの発着で賑わっている。歩行者の安全のため、駅前広場はぐるりとペデストリアンデッキが設置されている。

塚口さんさんタウン３番館（提供：あまがさきアーカイブス）

塚口さんさんタウンは、駅前広場を中心に3つの商業施設を配し、遊歩道（ペデストリアンデッキ）で結ばれていた。写真は2017（平成29）年に閉店し、すでに解体されてしまった「塚口さんさんタウン3番館」。

塚口駅前広場(昭和61年)

塚口さんさんタウン3番館解体工事

写真は2019（平成31）年2月に撮影された「塚口さんさんタウン3号館」の解体工事現場。

３番館跡にオープンした「ソコラ塚口クロス」（写真提供：野村不動産）

塚口さんさんタウン3番館の跡地に完成した商業施設「塚口さんさんタウン3番館」。この建物は、野村不動産グループの16階建て分譲マンションで、地下1階、地下2階が商業スペースになっている。ことし（令和4年）11月2日にオープンした。

見どころスポット

伊居太神社

近松公園の東に鎮座する伊居太神社の境内には、市内最大の前方後円墳（伊居太古墳）がある。この古墳は5世紀頃に築造された、と伝わる。平成7年1月の阪神淡路大震災で社殿などが倒壊したが、その後、氏子たちにより新社殿が再建された。

尼崎市下坂部4-13-26 塚口駅から市バス「近松公園」下車すぐ

尼崎市都市緑化植物園

阪急の塚口駅の南東、少し離れた場所には、尼崎市都市緑化植物園（上坂部西公園）がある。都市緑化植物園は地元では「みどり園」として市民に親しまれ、地元出身の劇作家を顕彰する「近松門左衛門へのオマージュ」と題されたモニュメントが設置されている。

近松公園＆近松記念館

曾根崎心中や心中天網島など多くの名作を残した、江戸時代の浄瑠璃・歌舞伎作者・近松門左衛門。塚口はその近松のゆかりの地だ。市内の広済寺には墓もある。広済寺の離れは“近松座敷”と呼ばれ、晩年の近松の仕事場だった。寺のすぐそばは近松公園で、園内には近松生誕250年を記念した近松記念館がある。館内には、近松愛用の文机など遺品が展示されている。晩年の仕事場である「近松座敷」の模型も見られる。

尼崎市久々知1-4-38　塚口駅から市バス「近松公園」下車すぐ

武庫之荘

むこのそう

神戸線

阪急が開発した住宅地の最寄り駅
ホームで花見ができるように配慮も

武庫之荘駅（提供：あまがさきアーカイブス）

昭和35年4月に撮影された武庫之荘駅。阪急電鉄が経営する住宅地の玄関口だけに、寄棟屋根の落ち着いた佇まいを大切にしている。広々とした駅前広場も訪れる人に好印象を与える。

武庫之荘駅北口

上り線側となる北口駅舎は寄棟屋根がトレードマーク。地上駅舎なので、南口へは地下道とエレベーター併設の跨線橋で連絡している。

武庫之荘駅南口

下り線側の南改札口は1970年（昭和45）年4月、武庫之荘南部土地区画整理事業に併せて開設された、ホームに沿って桜が植えられいる。

〝武庫之荘駅の桜〟を有名にしたのは、駅近くに住む落語家・桂米朝夫人らしい。詳しいことは分からないが、夫人の投書をきっかけに阪急は駅の広告看板を小さい吊り下げ式に換え、ホームでゆっくり花見が出来るように配慮したというのだ。

春、三宮方面行きホームに沿って並ぶ桜は見事な花を咲かせる。特急が猛スピードで通過すると花吹雪が舞うのも風情がある。

武庫之荘駅は、1937（昭和12）年に開設されている。阪急がこの時期に新駅を設けたのは、駅の北西で自社経営の武庫之荘大住宅地を売り出す目的があったからである。

イギリスで生まれた田園都市の理念をもとにした街づくりがなされ、区画整理されたこの住宅地は、駅前ロータリーから北西に直線の道路が延び、現在も阪神間の高級住宅地となっている。阪神間のモダニズムを感じさせる街づくりだ。

武庫之荘駅は、当初「武庫ノ荘」と表記されていた。ところが、「漢字と仮名を混用するのはよくない」という創業者・小林一三のこだわりで、「ノ」から「之」へと変更したという。こうしたキメ細かい細部へのこだわりが、阪急のイメージアップにつながっている。

阪急が経営する武庫之荘住宅地入口
（提供：あまがさきアーカイブス）

昭和12年に武庫之荘駅が開設されて5年ほどの駅北側。駅前には「阪急経営武庫之荘住宅地」の立て看板が建つ。武庫之荘住宅地は、総面積6万坪、戸数70戸、値段は7,300～19,000円で、園田の住宅に比べると、1戸当たりの面積が100～200坪と広く、駅前のロータリーから住宅地へ向かって広い舗装道路が走り、美しい小公園もあり、阪神間の高級住宅地として有名になった。

武庫之荘駅付近
（提供：あまがさきアーカイブス）

武庫之荘駅付近を中心として、昭和35年に空撮された武庫之荘の街並み。北側に比べると南側はまだ田圃が一面に広がっている。

武庫之荘大住宅地
（提供：あまがさきアーカイブス）

広い道路が設けられ、整然と整備された住宅地内。敷地にゆとりがあり、建物も一軒一軒が工夫されている。

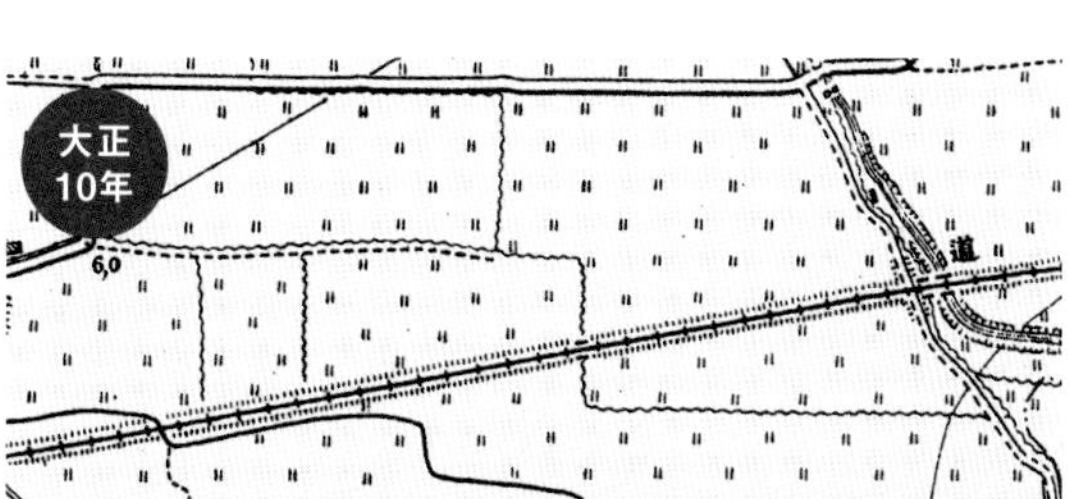

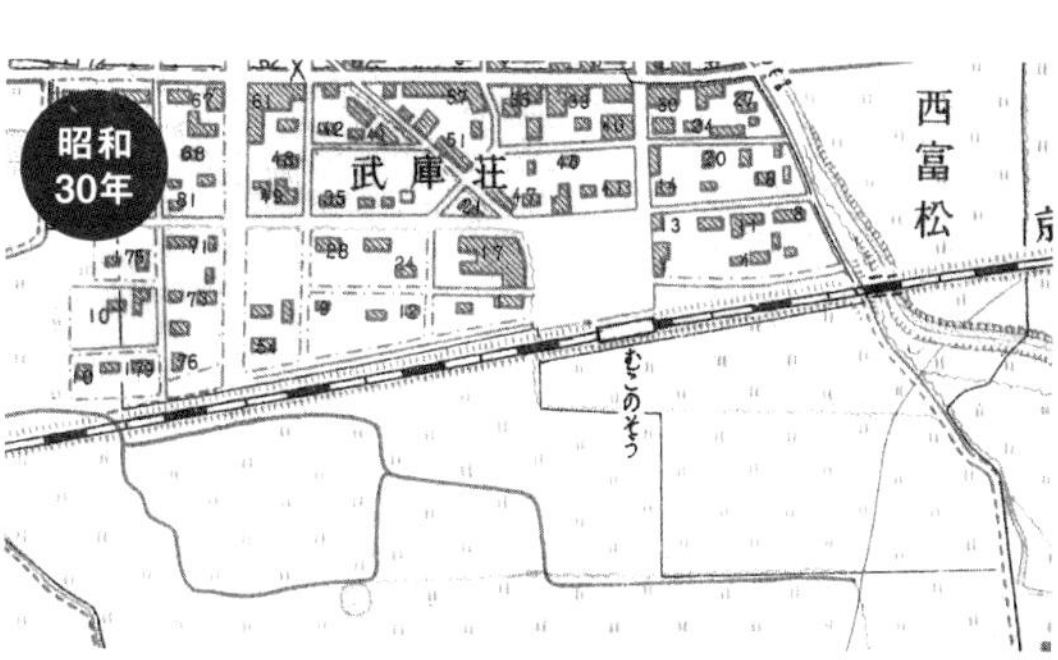

古地図探訪

武庫之荘駅の開業は神戸線の開業からしばらくした1937（昭和12）年10月。この時期に新駅を設けたのは阪急電鉄が経営する「武庫之荘大住宅地」を売り出すためだ。

昭和39年

武庫之荘付近を走る阪急電車（提供：あまがさきアーカイブス）

武庫之荘駅から撮影された2000系の特急電車。2000系列はコストを抑えた軽量車体で、現在の阪急電車の原型となっている。シンプルな車体ながら、マルーン色と内部の木目調塗装も従来通り。

桜が満開の駅に停車中の阪急5000系車両

武庫之荘駅の大阪行きホームに停車しているのは、妻扉ガラスが拡大された5000系のリニューアル車。下り線ホームの満開の桜並木はこの駅の象徴。

武庫之荘駅前バス乗り場（昭和63年）

ラッシュ時の武庫之荘駅前（提供：あまがさきアーカイブス）

写真は武庫之荘駅北口のラッシュ時の光景。住環境が整い、阪神間のベッドタウンとしても人気の武庫之荘。昭和45年には駅の南改札も開設されている。

当時の武庫之荘駅前は、通勤・通学客が駅まで利用する自転車があふれていた。

見どころスポット

大井戸公園

多くの野鳥がいる緑豊かな公園。約130種類、2000本のバラ園もあり、季節になると美しい花々を愛でることができる。また、園内には、今から7世紀頃（古墳時代後期）に造られた、と伝えられる直径13mの円墳「大井戸古墳」もある。
尼崎市南武庫之荘3-425
武庫之荘駅から徒歩5分。

生島神社

かつて立花地区の上ノ島・栗山・大西・三反田は「生島」と呼ばれていた。そしてこの4ヵ村の産土神が生島神社だった。中世には生島荘の氏神だったと考えられている。明治維新以前は生島明神、生島弁財天と呼ばれたが、明治6（1873）年に「生島神社」と改められた。
尼崎市栗山町2-24-33
武庫之荘駅から徒歩15分。

上ノ島弥生遺跡

弥生時代前期にこの地に住んでいた、とされる尼崎最古の農耕集落跡。西摂平野を代表する遺跡でもある。低湿地に立地するため、土器や石器のほか、炭化米・ブドウ・マクワウリ・フクベ・ヒシなどの植物の種子や建築用材と考えられる材なども発掘されている。これら出土遺物は尼崎文化財収蔵庫に展示されている。
尼崎市上ノ島町3-1-2
武庫之荘駅から徒歩15分

西宮北口

にしのみやきたぐち

神戸線・今津線

副駅名は「阪急西宮ガーデンズ前」かつてはダイヤモンドクロスで有名

西宮北口駅南出口
(提供：西宮市)

この頃の阪急北口駅南口では、徒歩圏内の「西宮球場」への入口であることを大々的にアピールしていた。
駅前に停まるバスの車体の形にも時代を感じる。

現在の西宮北口駅北西口

現在の西宮北口駅南西口

大阪と神戸のほぼ真ん中にある西宮北口駅。今津線への乗り換え駅でもある。副駅名が「阪急西宮ガーデンズ前」とあるのは、2008(平成20)年に阪急西宮スタジアム(旧名称・阪急西宮球場)跡地に西日本最大級のショッピングセンター「阪急西宮ガーデンズ」が出来たからだ。

西宮北口駅は神戸線開通と同時に開業したが、当時は見渡す限り田圃と沼地が広がる寂しい場所だった。唯一活気を与えたのが阪急西宮球場だった。この球場は野球のほかに博覧会など各種催し物を興業。戦後におけるわが国初の本格的な博覧会「アメリカ博」の入場人員はおよそ200万人を数えた。球場に移動組立式走路をおいて競輪を始めたのは、昭和24年3月、ナイター設備は昭和26年4月に完成し、当時日本一の明るい球場として話題になった。

また、神戸線と今津線が十字型に平面交差(ダイヤモンドクロス)するのも有名だった。しかし、神戸線の特急10両編成運転に向けたホーム延長工事のために廃止が決定。ファンに惜しまれつつ、1984(昭和59)年3月に撤去され、駅は改築によって橋上化。今津線は南北に分断された。コンコース内には店舗が多く、いつも賑わっている。

平成5年頃

昔

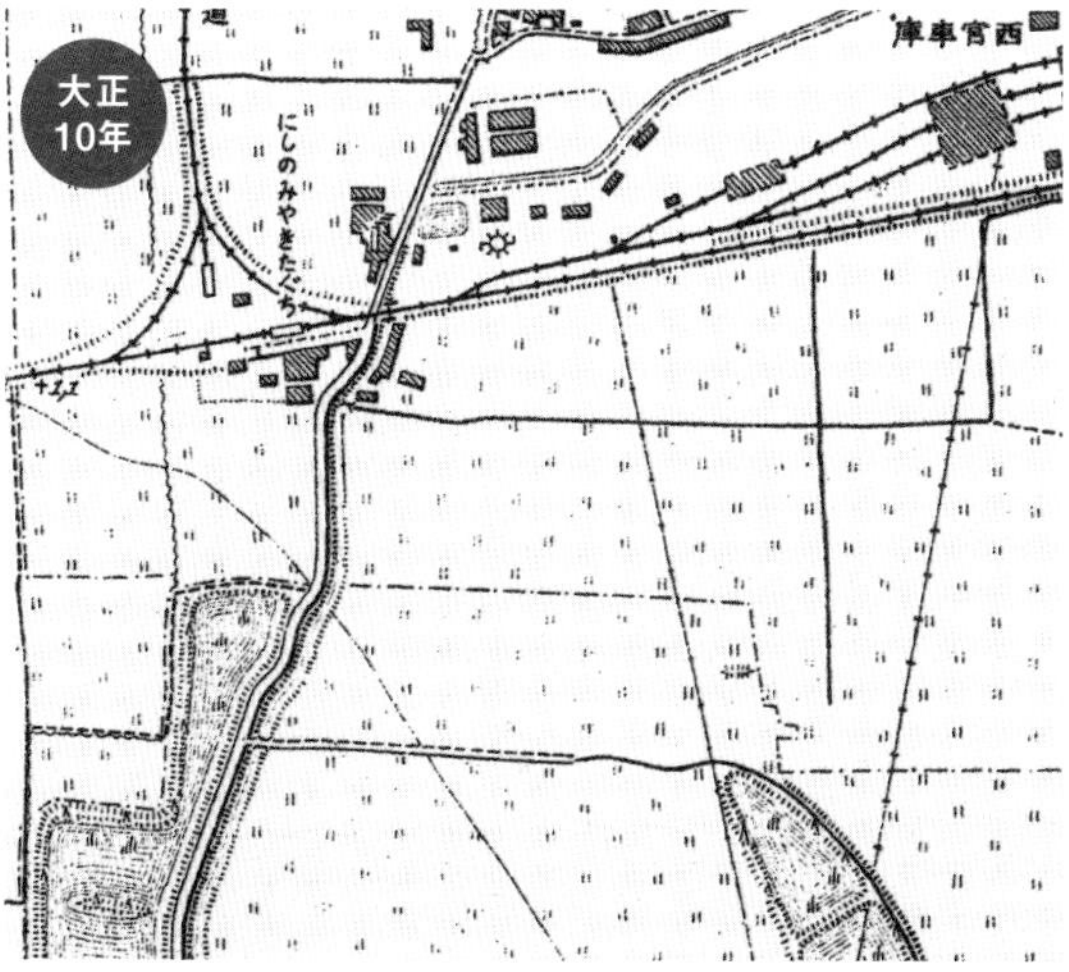

大正10年

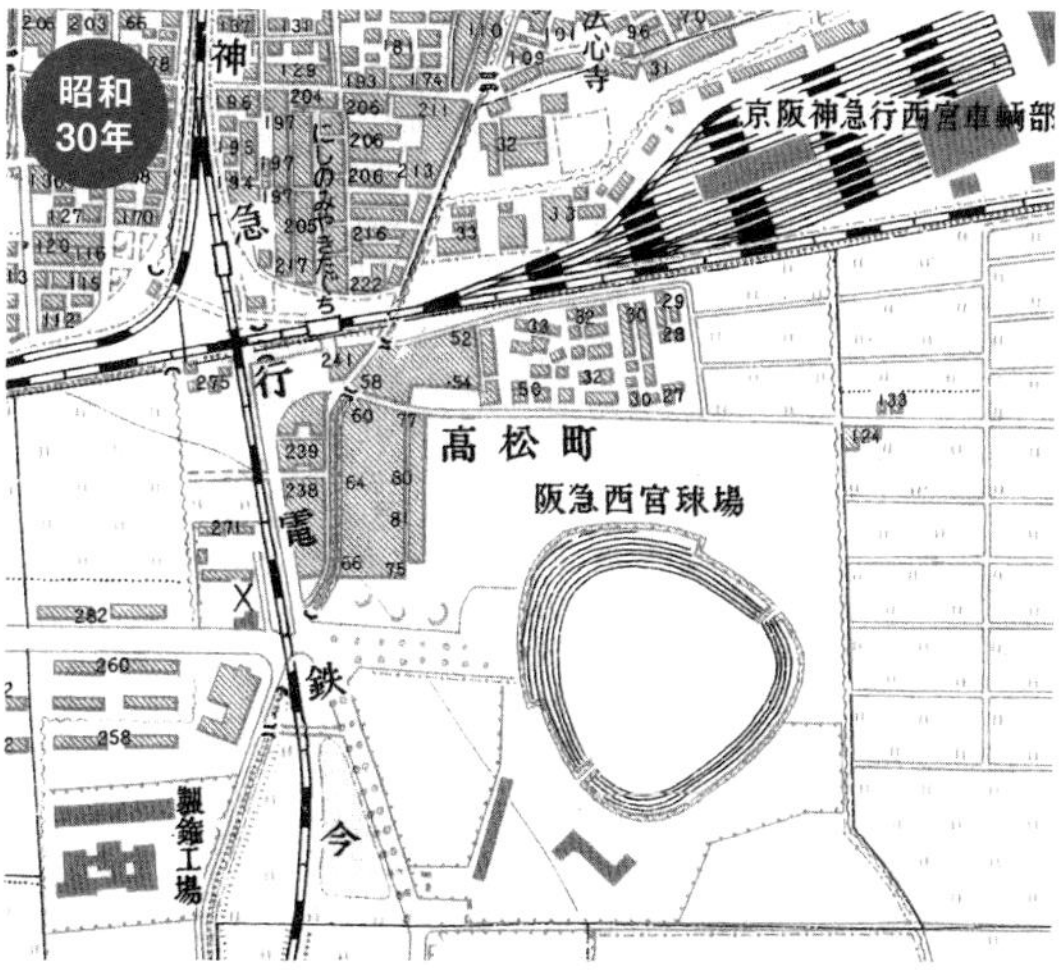

昭和30年

古地図探訪

大正10年頃の駅付近は田園風景が広がり、目立つのは西宮北口駅と西宮車庫ぐらい。しかし今津線の西宮北口～今津間が開業してダイヤモンドクロスが誕生、一変した。

かつてあった沿線の思い出

ダイヤモンドクロス

昭和58年

昭和58年

神戸本線と今津線が十字形に交わっていたので、「ダイヤモンドクロス」と呼ばれた平面交差

1926年（大正15）年の今津線延伸当時は立体交差の技術が難しかったので、この平面交差が採用された。高速走行の路線同士が平面交差するのは日本唯一のものであった。しかし、神戸本線の特急などの優等列車の10両編成化に伴い、1984（昭和59）年に今津線側を分断してダイヤモンドクロスは消滅した。以来今津北線、今津南線の2系統に分断されている。

（提供：西宮市）

見どころスポット

提供：ウェブサイト「西宮流」

高松ひなた緑地

阪急西宮ガーデンズ北側にある緑地公園。かつて駅構内にあった東西南北の渡り線「ダイヤモンドクロス」の一部がモニュメントとして保存されている。
西宮市高松町14ほか　西宮北口駅から徒歩5分

提供：ウェブサイト「西宮流」

西宮ガーデンズ

阪急西宮スタジアム跡地の再開発として2008（平成20）年11月に開業した西日本最大級のショッピングセンター。西宮北口駅からデッキで直結している。核テナントは阪急百貨店、イズミヤ、TOHOシネマズ西宮OSなど。
西宮市高松町14-1-3　西宮北口駅から徒歩3分

阪急西宮球場

昭和34年

昭和50年

昭和62年

日本初の２階建スタンドと全面天然芝グランドの多目的スタジアムとして西宮市民に親しまれた。

当時のMLBの諸球場を参考に設計された球場で、日本初の2階建スタンドと全面天然芝のグラウンドを持つ野球場として注目された。広い敷地と併せて当時としては最新設備を完備。阪急電鉄所有のプロ野球チーム「阪急ブレーブス」の本拠地のほか、競輪場、アメフトの試合、コンサートなど様々なイベントで使用された。

（提供：西宮市）

昭和41年

提供：ウェブサイト「西宮流」

アクタ西宮

西宮北口駅北東側にある商業施設。以前は駅前商店街や公設市場などが建ち並んでいたが、阪神淡路大震災により壊滅的な被害を受け、2001（平成13）年4月、再開発ビルとして建て替えられた。名称は「Active Town西宮」の略。

提供：ウェブサイト「西宮流」

兵庫県立芸術文化センター

2005（平成17）年に開業した県立の文化施設。大・中・小3つのホール構成され、オペラ、バレエ、ミュージカル、伝統芸能などの公演が鑑賞できる。
西宮市高松町2-2-2 西宮北口駅から徒歩3分

懐かしのニシキタ

特集

住みたい街ランキングでは、いつも上位に輝く西宮北口駅周辺。西宮の北の玄関口ということで、文字通り「西宮北口」と名づけられたが、地元の人たちは愛情を込めて「ニシキタ」と呼ぶ。ここでは昭和30年〜40年代にかけての懐かしニシキタの街アルバムを特集する。

ズラリと並んだ北口団地（昭和37年）

北口団地は昭和23年、当時としては 高層の4階建て県営住宅として建てられた。阪神間では初めての団地で注目された。

団地内を仲良く集団で…（昭和37年11月）

幼稚園児が遊びながらのんびり団地内を歩く…。この頃はこんな光景がよく見られた。

北口本通り（昭和41年２月）

北口本通商店街を東方向に見たところ。喫茶マエダの向かい側が北口市場北入口だった。

北口本通商店街（昭和39年）

北口本通商店街は、今津線の踏切の向こう側に東西に延びていた。日用品を売る小さな店が軒を連ねていた。

西宮市西北部の甲山を望む（昭和39年）

西宮球場より西宮北口駅方向を撮影。まだ高層ビルやマンションなどもなく、戸建て住宅が並んでいる。

くみあいマーケット（昭和39年）

津門川に架かる小さな橋のそばにあった、昭和39年頃の「くみあいマーケット北口店」。

コマファミリープール（昭和38年頃）

西宮球場に隣接していた「コマファミリープール」のすべり台から飛び込みを楽しむ人々。

日芸会館があった頃…（昭和39年）

広い道は今も名前が残っている球場前道路。まだ団地が建ち並び、アイススケート場だった日芸会館も存在。

北口市場（昭和41年12月）

年越しで活気づく北口市場内を南方向に見たところ。手前の和洋菓子店にはお餅を人が並んでいる。

写真提供：西宮市情報公開課

夙川《しゅくがわ》

神戸線・甲陽線

甲陽線の乗り換え駅として知られる。夙川の清流や松林、桜の名所でも有名

夙川駅
（提供：荻原二郎）

すでに甲陽線の分岐駅として乗降客が多かったが、当時の夙川駅は瓦屋根仕様でまるで民家のような印象を与える。

夙川駅

右後方に少し見えるのは西宮のシンボル的存在の甲山。駅前のロータリーはバスやタクシーが発着するため、広々と整備されている。

夙川駅は1920（大正9）年7月16日の神戸線開業時に開業した。そして4年後の1924（大正13）10月には甲陽線（夙川～甲陽園）も開通。甲陽園・苦楽園への玄関口となる。駅舎は平成15年度に「近畿の駅百選」に選ばれている。

2006（平成18）年には500メートルほど先のJR神戸線に「さくら夙川駅」が新設され、阪急電鉄も競争力強化の一環として、特急を夙川駅に停車させた。また甲陽線も増発され、沿線の利便性と魅力はいっそう高まった。

この駅が華やぐのは春の桜の季節だ。神戸線ホーム東側の一部が夙川をまたいでおり、駅自体が満開の桜のビューポイントにもなっている。

駅から続く夙川公園は南北約2.8キロメートルに渡って松林が並び、桜も約1660本ほど植えられている。そして遊歩道は〝夙川さくら道〟とも呼ばれており、「日本さくらの名所100選」にも選ばれた。

昭和52年に南側の駅前再開発で「夙川グリーンタウン」が誕生し、駅前の雰囲気がガラリと変わった。

周辺には阪神間屈指のお屋敷町があり、駅の北西側に豪邸が立ち並んでいる。また駅から歩いて5分のところには、作家の遠藤周作も洗礼を受けた夙川カトリック教会がある。

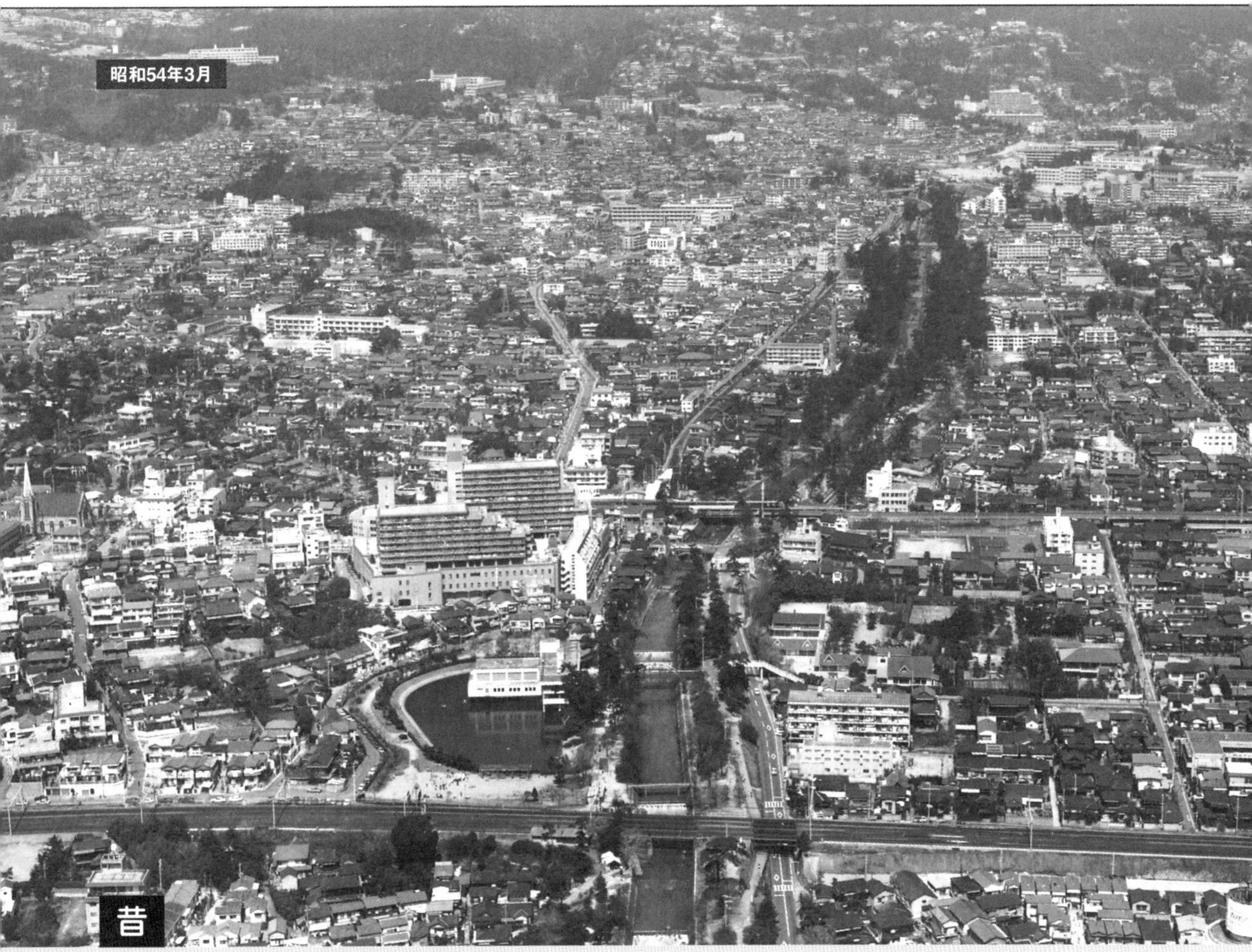

夙川周辺の空撮（写真提供：西宮市）

桜が満開の堰堤･大井手橋付近

両岸が満開の桜でピンク色に染まる春の夙川公園。松林の緑とのコントラストが素晴らしい。大井手橋の下を夙川の清流が流れ、花見客の目をさらに楽しませている。

ホームのベンチもサクラ模様…

桜の名所で有名な夙川駅らしく、駅に置いてあるベンチもサクラの模様がアクセントになっている。

高架工事中だった頃

夙川駅を出て西宮北口に向かう電車。当時はまだ高架工事中であったが、すぐそばまで高架橋梁が完成していた。

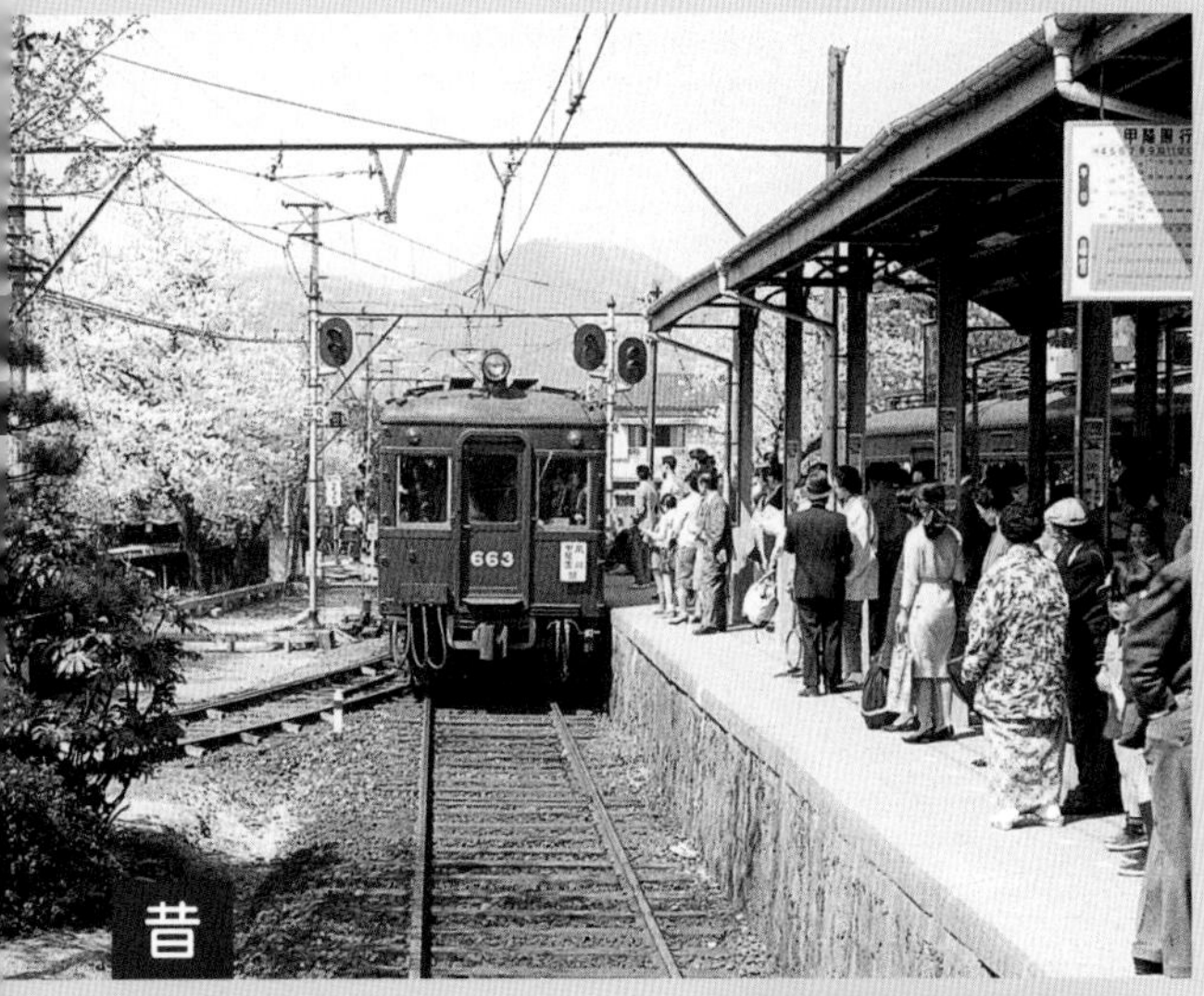

甲陽線ホーム
（撮影：荻原二郎）

当時は、本線と直角に配されていた。また車両は現在のものより小型の610形。その後、大型車両による3両編成になったため、ホームは片側だけ使用するようになった。

夙川駅ホーム

新開地行き特急電車（1000系）が三宮方面行きのホームに停車中。かつては通過していた特急が停車するようになり、夙川駅を利用する人の利便性はさらに高まった。

甲陽線ホーム

甲陽線に停車中の6000系の電車。この電車はワンマン運転に対応しており、3両編成で使用されている。

夙川付近を走る9000系

快適さとバリアフリーを重視した9000系の電車。窓の大きな前面形状が特徴で、屋上も白い無線アンテナカバーを付けてすっきりさせている。

満開の桜に彩られる甲陽線（撮影：諸河久）

苦楽園口付近の公園で遊ぶ子どもたち。甲陽線の電車が通ると歓声を上げて駆け寄って来た。

お宝映像…

大正末頃

瓦屋根の夙川駅ホーム（提供：西宮市）

大正時代の末期に撮影された夙川駅のホーム。北側には当時の甲陽線が停車中。電車を待つ乗客の装いがほとんど和服なのが時代を感じさせる。

戦前の踏切のある夙川駅（提供：西宮市）

古い映画のワンシーンを見るような当時の夙川駅の光景。ホームのそばに踏切が設けられているのが見える。

昭和25年頃

夙川駅前広場（提供：西宮市）

昭和25年頃の夙川駅前の広場。周りの商店は時代を反映しているが、駅舎の形はほぼこの頃に出来上がっているようだ。

見どころスポット

新緑の夙川公園 翠橋

初夏らしい、新緑に包まれた夙川公園、翠橋付近。桜の季節とはまた違ったさわやかで美しい風景が楽しめる。

夙川の街並み

夙川駅付近は高級住宅地が多く、阪神間の中でも屈指のお屋敷町として知られている。特に駅の北西に豪邸が建ち並び環境も抜群。

夙川グリーンタウン

昭和40年代後半から駅前開発が行われ、駅前ロータリーの整備と共に夙川グリーンタウン（1977年10月開業）が建設された。駅と夙川グリーンタウンは歩道橋と地下道でつながっている。

カトリック夙川教会

駅から5分ほど歩くと、作家・遠藤周作も洗礼を受けたというカトリック夙川教会がある。阪神間初のカトリック教会として発足した。

芦屋川
あしやがわ
神戸線

芦屋川沿いの閑静な街並みは、谷崎潤一郎の「細雪」にも登場

芦屋川駅
（提供：芦屋市広報国際交流課）

立体交差になった芦屋川駅。上下線のホームに電車が停車中。昭和40年頃に撮影されているが、現在とほぼ変わらない。

芦屋川駅

現在の芦屋川駅。芦屋川をまたぐ東西に長いホームには屋根が延長され、ガラス窓で風雨をシャットアウトしている。

芦屋川駅の近くの芦屋川沿いにはバス停が設けられている。

1938(昭和13)年の阪神大水害で大きな被害を受けた芦屋川駅。長らく仮ホームで営業していたが、1956(昭和31)年の河川改修工事に伴って改築に着手。翌年にようやく新しい駅が完成した。また、同時期に始まった芦屋川との立体交差工事は、2年後に完成している。

駅は相対式ホームの2面2線を有する地上駅で、芦屋川をまたいで東西に延びるように設計されている。駅舎は芦屋川の西岸にあり、春にはホームの東寄りから桜並木が一望でき、川下の岸辺に建つ尖塔の教会も美しい景観に一役買っている。

関西でも有数の高級住宅地である芦屋は、いつも「住みたい街」の上位に挙げられる。かつて文豪・谷崎潤一郎がこの地で一時期を過ごし、芦屋を舞台に書いた小説「細雪」はあまりにも有名だ。作品の中には芦屋川駅周辺の描写がいくつか登場し、阪神大水害の描写も詳しい。

芦屋川駅の北西、芦屋川の支流である高座川沿いの山芦屋町には、山口財閥の当主だった、山口吉郎兵衛が集めた美術コレクションを公開する滴翠美術館がある。また東側で芦屋川沿いの山手町には、国の重要文化財に指定されている「ヨドコウ迎賓館(旧山邑家住宅)」が存在する。

写真提供：芦屋市広報国際交流課

芦屋川駅クロニクルⅠ 阪神大水害

昭和初期の阪急芦屋川東駅塚口

この付近は、谷崎潤一郎の小説「細雪」の舞台となったところでもある。

昭和初期の芦屋川駅

開通当時、阪急神戸線には、神戸・六甲・御影・岡本・芦屋川・夙川・西宮北口・神崎川・十三・梅田の10余りの停留所があった。

開通当時の阪急電車（大正９年）

阪急電車の開通により東芦屋・西芦屋・山芦屋・三条などが別荘や住宅地として発展した。

被害を伝える大阪朝日新聞の記事

芦屋川上流浸水図は、大阪鉄道局編「昭和13年水害記録」より

当時の阪急芦屋川駅北側

さらなる土砂の流出を防ぐために付近の人たちは総出で土嚢を積む作業に追われた。

阪神大水害芦屋川の惨状

氾濫した激流は、阪急芦屋川駅東方のガード下を南下して、付近一帯を巻き込み、国鉄（現・JR）線路上にまで大量の土砂を運んだ。

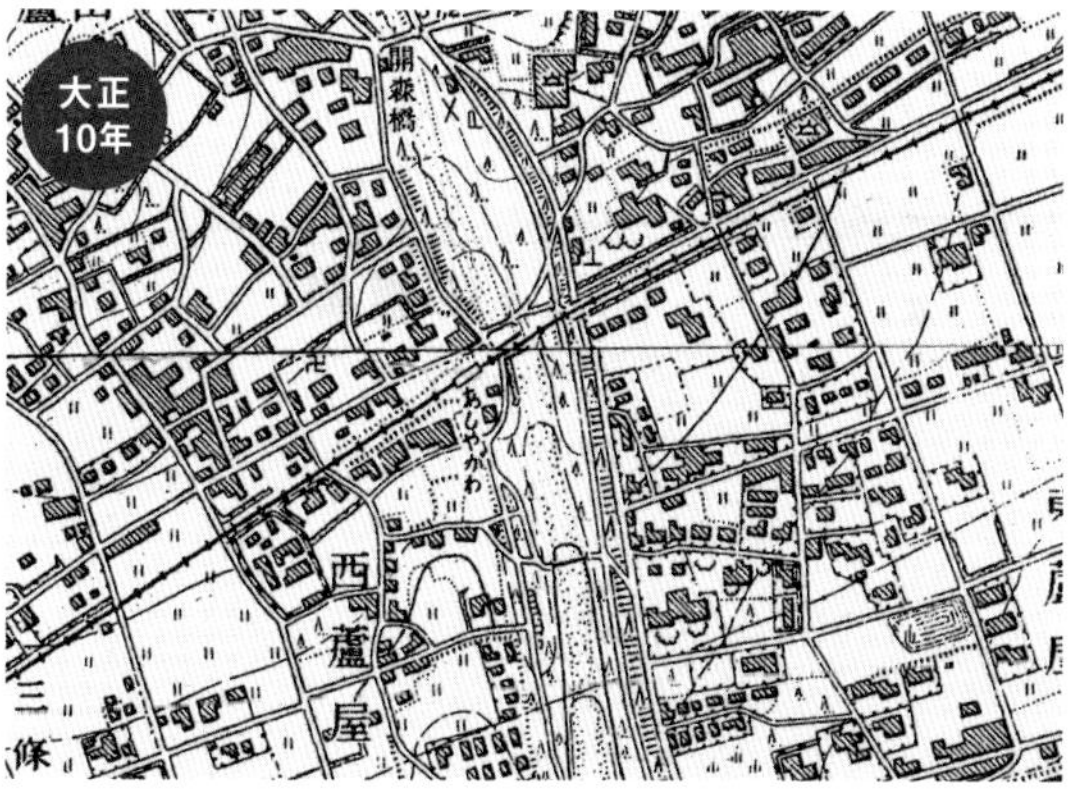

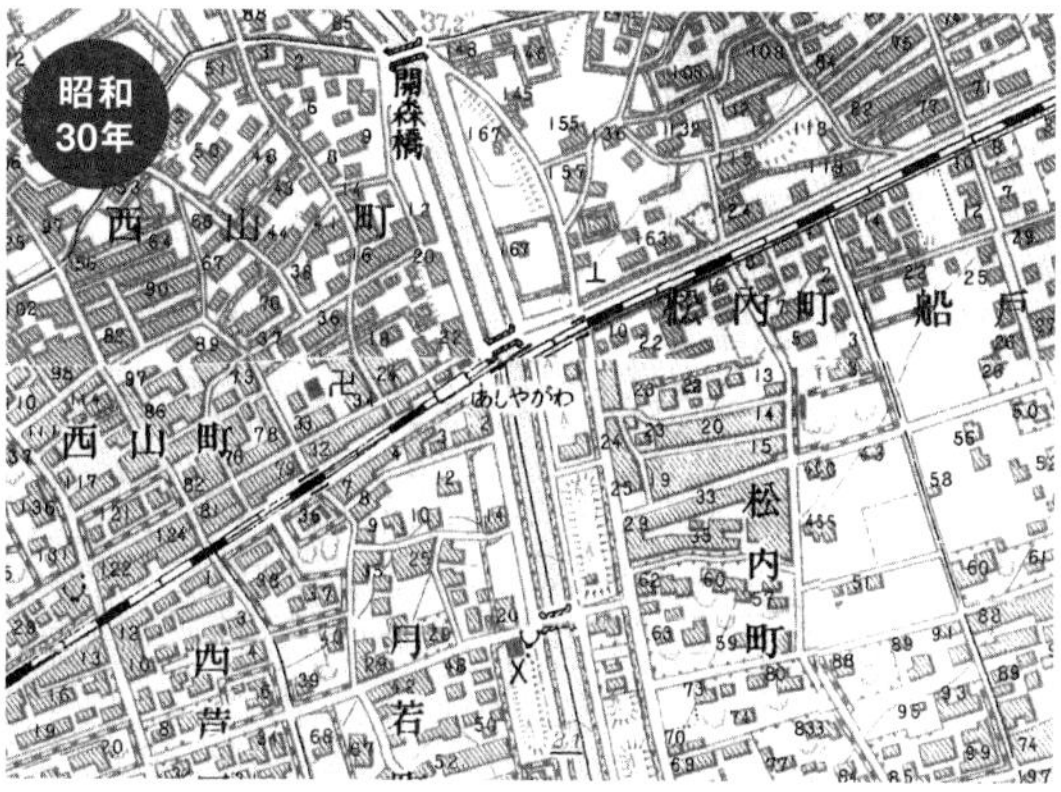

古地図探訪

芦屋川には多くの橋が架かるが、地図の上に開森橋が見える。この橋はちょうど山と街の境界線になっており、上流に進むと芦屋ロックガーデンへの登山口になっている。

芦屋川駅クロニクルⅡ 駅や道路の整備

阪神大水害の被害で名だたる高級住宅地の芦屋の風致も見る影もなくなった。当時の芦屋川駅も、建設省（現・国土交通省）の河川改修や河川沿いの都市計画道路工事の遅延で、長い間枕木を積んだままの仮ホームであった。その後、ようやく昭和31年頃に西沿い道路工事の実施が決定。これに伴い芦屋川駅の改築も行われることになった。そして昭和31年12月に工事がスタート。工事期間中は芦屋川東岸（大阪方）に仮ホームと駅舎が設けられ、新駅は昭和32年7月にオープンした。

昭和32年頃

芦屋川沿いも整備される芦屋川駅立体交差工事

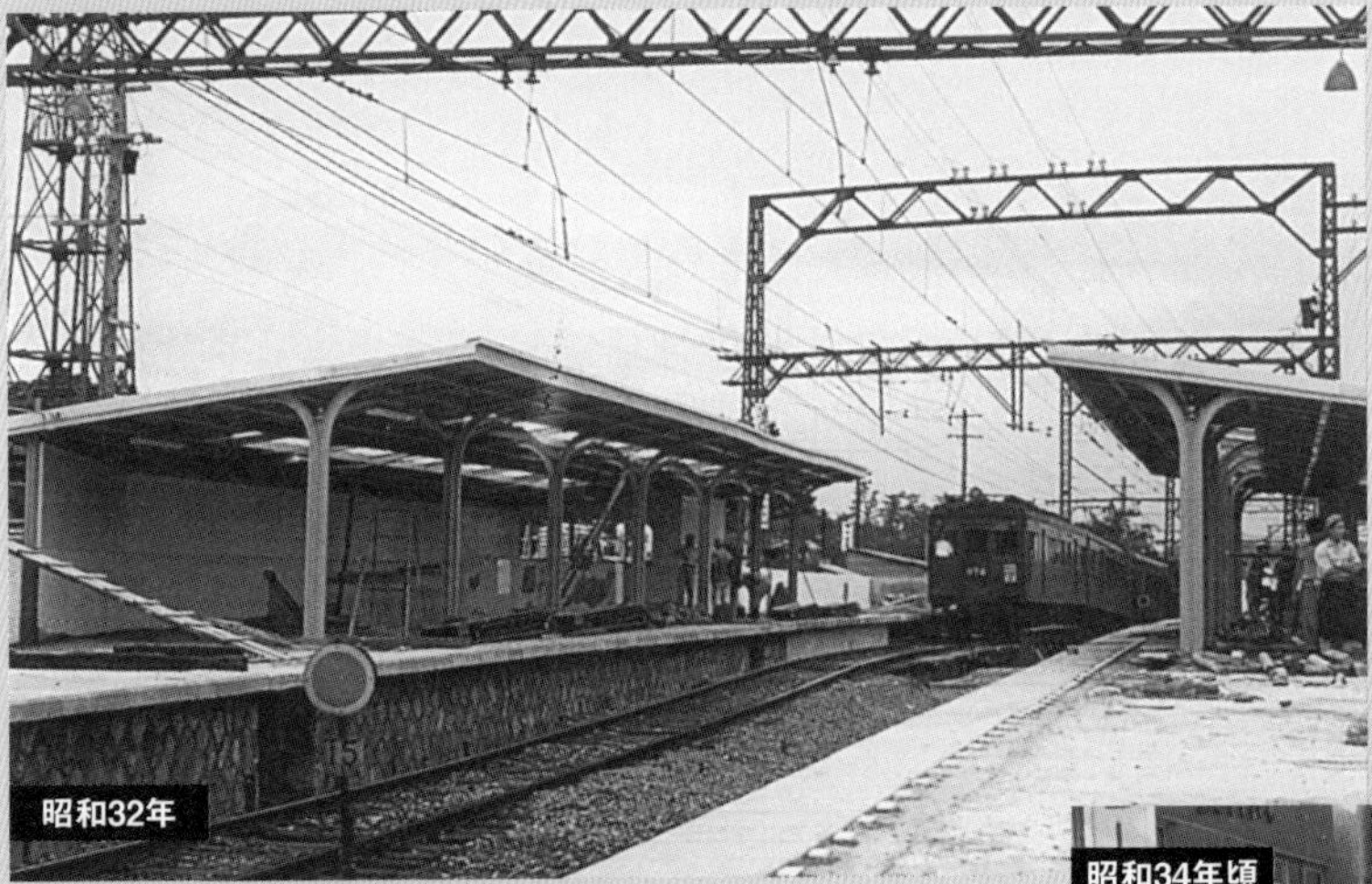
昭和32年

急ピッチで改装中の芦屋川駅

阪急芦屋川駅付近（昭和31年）

昭和34年頃

ようやく完成した芦屋川駅立体交差

写真提供：芦屋市広報国際交流課

まだのんびりした時代の山手商店街

さすがおしゃれな女性が多い芦屋川駅ホーム

芦屋川沿いの街並み

芦屋川駅の下を流れる芦屋川は、芦屋市のシンボル的存在。両岸に並ぶ建物もおしゃれなものが多く、まるで一枚の絵になっている。

見どころスポット

ヨドコウ迎賓館（旧山邑家住宅）

旧山邑家住宅は、灘五郷の造り酒屋・櫻正宗の八代目当主山邑太左衛門の別邸としてアメリカ人建築家フランク・ロイド・ライト が設計した住宅である。国の指定重要文化財。
芦屋市山手町3-10　芦屋駅から徒歩10分

月若公園

芦屋川駅から川沿いに下がって行くと、月若橋のたもとにあるのが月若公園。周辺は高浜虚子ゆかりの地で、公園には虚子親子三代の句碑がある。
芦屋市月若町4
芦屋川駅から徒歩5分

カトリック芦屋教会

建築家・村野藤吾が憧れた長谷部鋭吉が昭和28年に設計した、空を突き刺す尖塔が特徴の美しい教会。芦屋川沿いの業平橋の南方にある。
芦屋市公光町5-15
芦屋川駅から徒歩12分

谷崎潤一郎記念館

谷崎の好んだ数寄屋風の邸宅を模した記念館で、庭園も美しい。館内には遺族から寄贈された谷崎愛用の机、硯、筆、美術品など様々な資料を収蔵、展示している。
芦屋市伊勢町12-15　芦屋川駅から徒歩30分

滴翠美術館

大阪の山口財閥の四代目当主・山口吉郎兵衛の邸宅の一部を美術館に改装。山口氏が所有していた1500点以上の陶磁器を中心とした日本の美術コレクションを所蔵・展示している。
芦屋市山芦屋13-3　芦屋川駅から徒歩8分

芦屋川の移り変わり

兵庫県芦屋市の西部を縦断する芦屋川は、六甲山地の源流から河口の大阪湾まで約８㎞を流れている。阪急芦屋川駅付近より下流は、川底が周辺の地面より高くなっている天井川で、ＪＲ東海道本線が川底の下を通る不思議な風景が見られる。

芦屋市の市街地を流れる芦屋川（北から）。

芦屋川の下を通るJR東海道本線。

石垣で護岸された現在の芦屋川は人工的だが、元々は河原の両岸に松林が生い茂る自然の景色が広がっていた。１９０７（明治40）年、芦屋市の前身・精道村は、この東岸の松林に芦屋遊園地を開園した。ただし、「遊園地」といってもジェットコースターやメリーゴーランドのような遊具があるのではなく、芦屋川の堤防に連なる美しい松林を散策して楽しむものであった。

河川改修工事前の芦屋川。大正末頃の阪急芦屋川駅北側付近の風景。

１９１５〜１９１６（大正４〜５）年、芦屋川は大正橋より下流側で河川改修工事が実施され、１９２９〜１９３０（昭和４〜５）年には大正橋

1907（明治40）年に開園した芦屋遊園地。

1929〜1930（昭和4〜5）年の河川改修工事後の芦屋川（開森橋付近）。撮影：昭和54年

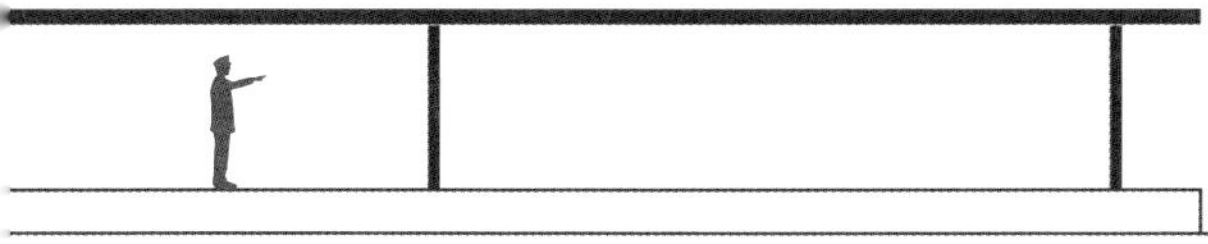

写真・文 竹村忠洋（芦屋市教育委員会 学芸員）

より上流側の改修工事が行われた。その結果、石垣で護岸された人工的な河川に生まれ変わった。

しかし、1938（昭和13）年7月5日に発生した阪神大水害によって、芦屋川は堤防が決壊し、橋梁が流出する等、甚大な被害を受けた。その後、1939～1946（昭和14～21）年に実施された復旧工事で、花崗岩の切石による石垣の護岸や堰堤が設けられ、今日の姿になったのである。

ところで、大正と昭和初期の芦屋川の改修工事に伴って新たに架けられた橋には、芦屋ゆかりの古典文学である『伊勢物語』や『藤栄』『雲林院』『鵺』に由来する名称が付けられた。

阪神大水害の痕跡。
芦屋川駅北側に残る初代桜橋の橋脚跡。

月若橋（昭和初期）と業平橋（1917〔大正6〕年）、公光橋（1915〔大正4〕年）、鵺塚橋（1917〔大正6〕年）である。そして、芦屋川沿いの「月若町」「業平町」「公光町」の町名は、1944（昭和19）年実施の町名改正の際、これらの橋名にちなんで名付けられた。

このようにして移り変わってきた芦屋川は、今、その両岸に咲き誇る桜の花を見に人々が訪れたり、河川敷で家族連れがお弁当を食べたり、子どもたちが川遊びに夢中になったり、市街地における憩いの場として親しまれている。

現在の芦屋川の景観（業平橋から）。

芦屋川の両岸に咲き誇る桜（開森橋から）。

1917（大正6）に架けられた木造の初代業平橋。

『摂津名所図会』に見る江戸時代の芦屋

特集

『摂津名所図会』（秋里籬嶌著、竹原春朝斎画）は全九巻十二冊からなる江戸時代の旅行ガイドブックで、寛政8（1796）年に刊行された七巻（武庫郡・菟原郡）には、農村だった芦屋の風景を描いた挿画が見開きで掲載されている。この挿画の中に見える江戸時代の芦屋の名所をめぐってみよう。

写真・文　竹村忠洋
（芦屋市教育委員会 学芸員）

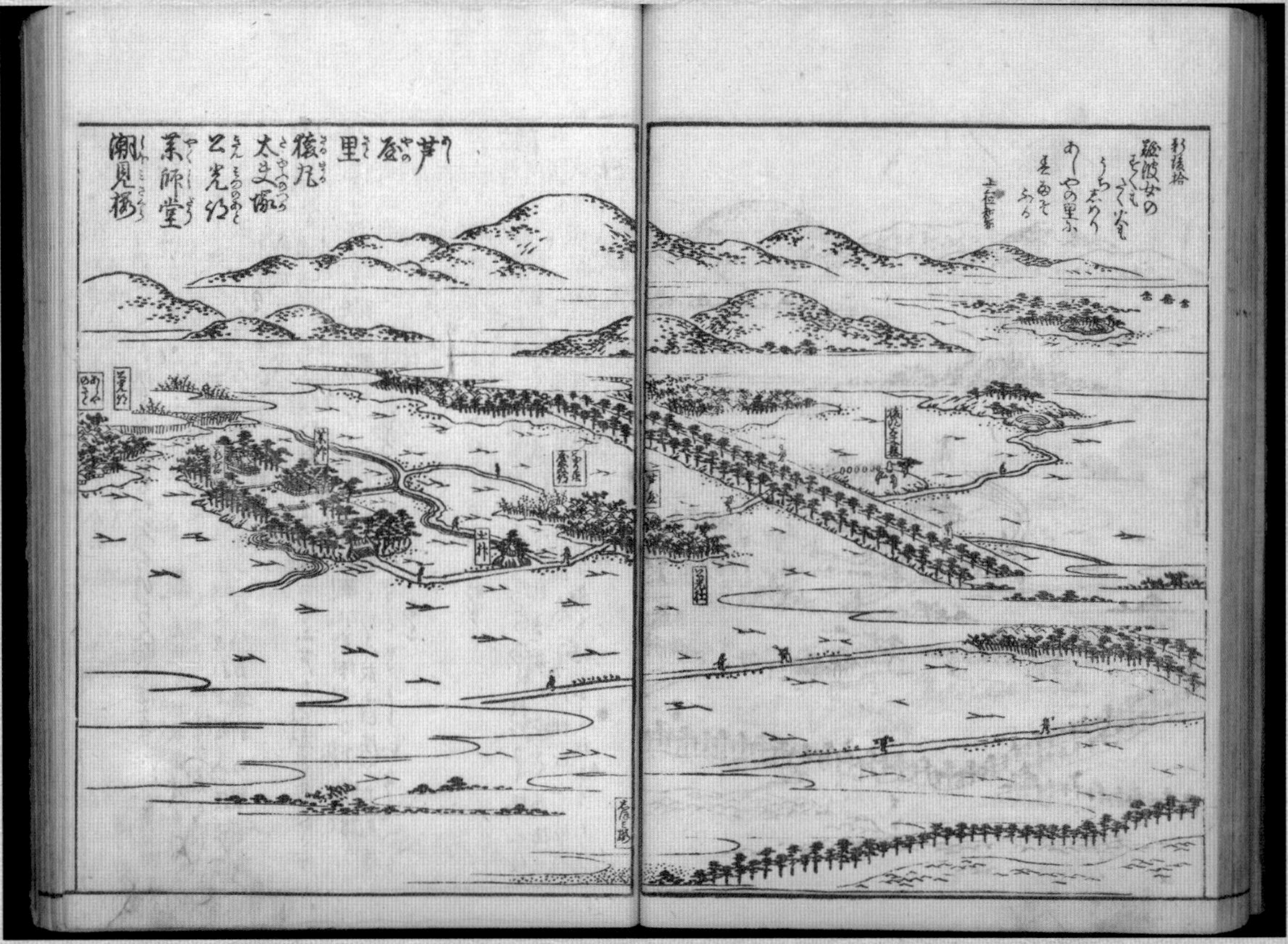

江戸時代の芦屋の風景が描かれた『摂津名所図会』の挿画（寛政8〔1796〕年）

猿丸太夫墓

猿丸家の墓所の門とその前に建つ「名勝　攝津名所図会由緒の墓」の石碑（芦屋市東芦屋町）

挿画の右（東）半分には芦屋川の両岸に連なる松林が直線で斜めに描れており、その東岸には枠線で囲まれた「猿丸太夫墓」の文字が見える。これは、阪急芦屋川駅の近くにある猿丸家の墓所内に現存する高さ約2mの自然石で、その中央には「南無阿弥陀仏」と刻まれている。この墓所内は非公開だが、その門前に建てられた「名勝攝津名所図会由緒の墓」の石碑を見ることができる。

猿丸太夫は伝説上の歌人で、三十六歌仙の一人。百人一首の「奥山に紅葉ふみ分けなく鹿の声きくときぞ秋は悲しき」の歌が有名である。

なお、これとは別に芦屋神社の境内にも、「伝猿丸太夫墓」と呼ばれる鎌倉時代後期（13世紀）の宝塔がある。

業平屋敷跡と公光杜

　日本の古典文学を代表する『伊勢物語』には、平安時代の貴族で歌人としても有名な在原業平の別荘が「芦屋の里」にあったと記されている。そのため、「芦屋」の地名は、古くから在原業平ゆかりの地として広く知られてきた。

　この『伊勢物語』のエピソードにまつわる伝承地として、挿画の中央には「業平屋敷跡」の文字が芦屋川西岸の集落の北に見える。また、この集落の南に記された「公光杜」は、室町時代の謡曲「雲林院」の主人公・公光の名に由来する。彼は『伊勢物語』と在原業平を愛好する若者なので、これも業平関連の伝承地といえる。

　現在、阪急芦屋川駅から南西へ約200mの住宅地の一角にある「業平と公光の石の祠」は、これら業平ゆかりの伝説をもとに後世につくられたものである。

業平と公光の石の祠（芦屋市月若町）
奥のお堂の中に石祠がある

湯本薬師堂

　挿画の左ページ中央に見える「薬師」は、江戸時代まであった湯本薬師堂。奈良時代に行基が開創し、平安時代に在原業平が伽藍を整備したといわれる塩通山報恩寺が室町時代に戦火で焼失した跡に建てられたとの伝承がある。その名の由来は、当時、熊野権現の神力で紀州の熊野灘に起こった潮流が、この薬師堂の下から六甲山地の地下を通り抜けているため、有馬温泉に塩湯が湧き出しているという伝説にある。

　塩通山報恩寺との関わりは明らかでないが、阪急芦屋川駅から北西に約350m付近を発掘調査すると地中から古代の瓦の破片が多数出土することから、このあたりに白鳳時代（7世紀）創建の古代寺院が実在したのは史実である。現在、発掘調査地のそばには「芦屋廃寺址」の石碑が建っている。

白鳳時代（7世紀）創建の「芦屋廃寺址」
の石碑（芦屋市西山町）

西国街道（本街道と浜街道）

　挿画の下半を東西に横切る二本の道は、西国街道の本街道と浜街道である。西国街道は京都と九州の太宰府を結ぶ江戸時代の幹線道路で、芦屋市域あたりは本街道と浜街道に分かれていた。山側を通っていた本街道は現在の国道2号とほぼ重なり、海側の浜街道は国道43号と重なる。

国道2号の前身、阪神国道と業平橋（撮影年:昭和12～13年）
阪神国道と阪神国道電軌（国道電車）は、昭和2年に開通した。
写真の車両は阪神71形。阪神国道電軌は昭和49年3月に廃止された。

　現在の芦屋は住宅地となっており、農村だったころの面影はほとんど残っていない。しかし、住宅地の中に残るかつての名所を示す石碑等をめぐりながら、『摂津名所図会』に描かれた江戸時代の芦屋を偲ぶことができる。

岡本

おかもと

神戸線

若者が集う、華やいだ佇まいの駅
梅林公園も復活、お手軽登山が人気

岡本駅前（提供：神戸アーカイブ写真館）

駅周辺に大学が多くあり、学生街を思わせる駅前からの通りには若者向けのカフェや女性に人気の個性的な雑貨屋が並んでいる。

岡本駅付近（提供：神戸市文書館）

写真奥に岡本駅が見える、昭和30年頃の岡本駅付近。まだ駅前商店街もなく、緑の樹々が繁り、閑静な住宅地のようだ。

岡本駅南口
（提供：神戸アーカイブ写真館）

駅舎が改築されたのは昭和54年。飲食店などが入った駅ビルは「岡本阪急プラザ」。道路には石畳が敷かれ、モダンな雰囲気の駅前。

阪神間のモダニズムを代表する駅の一つで、開業当時は、別荘地に向いている環境の良い地域としても知られた。現在、駅周辺には甲南大学、甲南女子大学、神戸薬科大学などが立地し、駅前から300メートル南のJR摂津本山駅辺りまで、若者向けのカフェや雑貨屋などが並んでいる。阪急とJRの駅が近接しているのもこの駅の特徴と言える。

昭和30年頃までは駅の山手にある梅林が見事で、これを観賞するために大勢の人たち訪れた。その後、宅地化が進み、往時の隆盛は影を潜めたが、1982（昭和57）年に地元の熱意で復活。神戸市の整備により「岡本梅林公園」が開園した。

この公園からさらに30分ほど坂道を上がって行くと、保久良梅林がある。この梅林もかつての梅の名所を市民の手で復活させたものだ。

保久良梅林からもう一踏ん張りすると保久良神社に到着。保久良神社は、鳥居前の常夜灯が古代から大阪湾の沖を通る船の目印となる「灘の一つ火」が有名で、現在も毎夜点灯されている。2月から3月にかけて、梅や桜が開花する季節は、岡本南公園の桜→岡本梅林公園→岡本八幡神社→保久良神社を巡るお手軽登山が人気を呼んでいる。

岡本が「本山村」と呼ばれていた頃…

本山村は、1889(明治22)年に誕生した村で、大正から昭和初期にかけては近郊農業で発達した。当初は菟原《うばら》郡、その後は武庫郡に属し、1950(昭和25)年に神戸市東灘区の一部(本山地域)に編入された。

本山村 岡本全景
(提供:神戸アーカイブ写真館)

大正初期、岡本が「本山村」と呼ばれていた頃の風景。山の上には二楽荘が建てられており、そこへ行く専用のケーブルカーも設けられいたという。二楽荘というのは、西本願寺22世法主・大谷光瑞が1909(明治42)年に六甲山麓に建設した別荘。

本山村岡本梅林付近
(提供:アーカイブ写真館)

茅葺き屋根の家々が並ぶのどかな田園風景が広がる本山村。周辺には岡本梅林が存在し、梅の花の開花期には人々の目を楽しませていた。

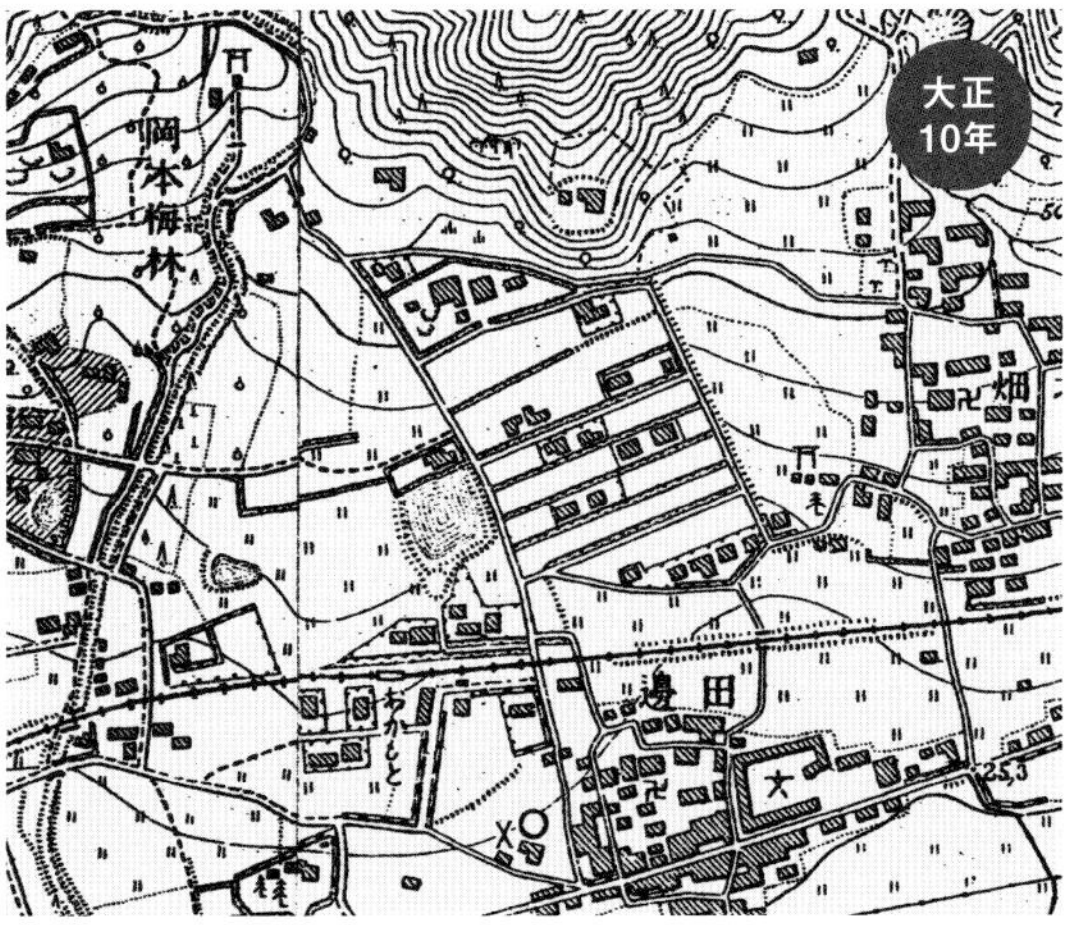

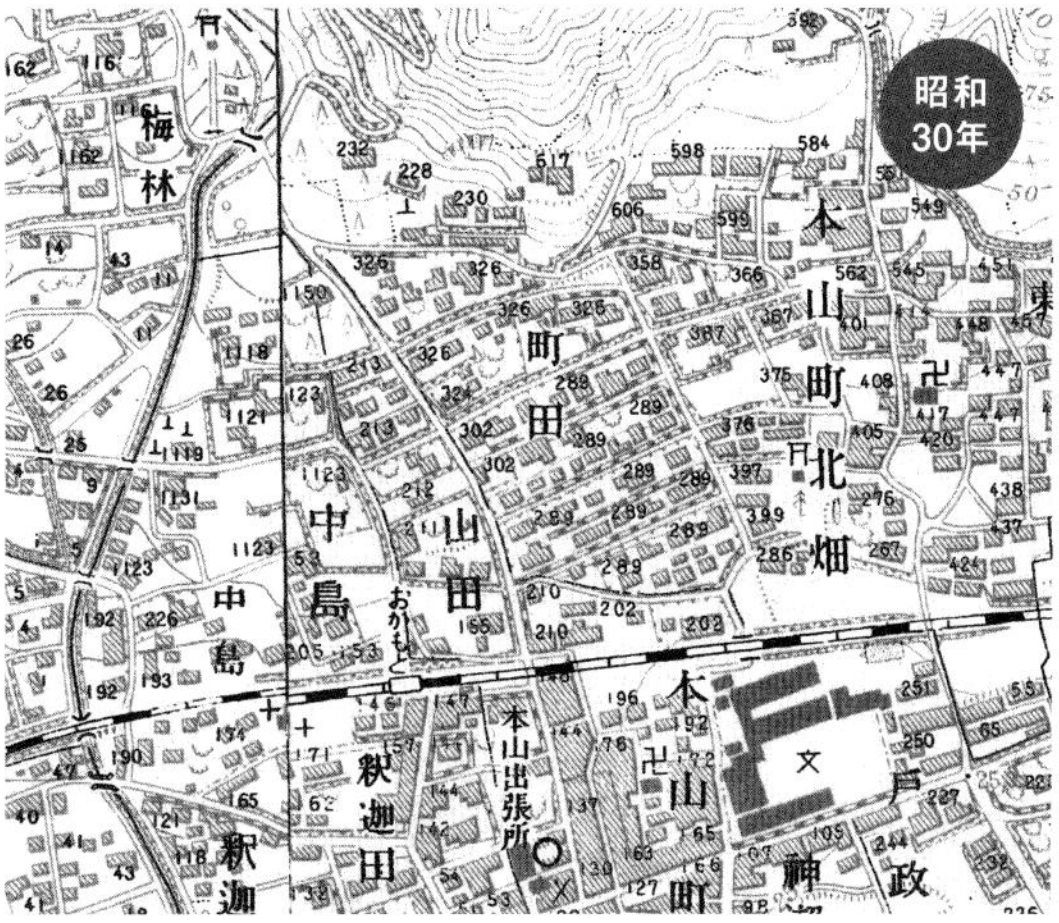

古地図探訪

岡本は山麓にあった岡本梅林が有名で摂津名所図会にも登場する。しかしその後の宅地化で梅林が失われて行き、1982(昭和57)年、地元の熱意で岡本梅林公園が復活した。

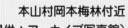

岡本梅林公園（提供：神戸アーカイブ写真館）

江戸時代から有名な梅の名所であった「岡本梅林」。明治時代には乗客を楽しませるために、南側を走る東海道線の列車が一時停車をしたとも言われる。1938（昭和13）年の阪神大水害や戦災でも被害を受け、また、周辺の宅地開発の影響も大きく、一時は消滅の危機を迎えたが、地元の手で復活を遂げ、1982年に「岡本梅林公園」が開園した。
神戸市東灘区岡本6丁目　阪急岡本駅から徒歩8分

岡本南公園 桜守公園

水上勉の小説、桜守のモデルとなった笹部新太郎氏の屋敷跡。園内には、ササベサクラ、オオシマザクラ、エドヒガンなど、10種類30本が植樹され、解説板も随所にある。
神戸市東灘区岡本5丁目　岡本駅から徒歩5分

見どころスポット

保久良梅林

岡本の名所である梅林をもう一度よみがえらせたいという区民の願いで1975（昭和50）年、谷一つ東の保久良山に梅が植樹された。白加賀、摩耶紅梅など、白梅約150本、紅梅約100本がある。見頃は3月中旬以降。神戸市東灘区本山北町680
岡本駅から徒歩30分

岡本八幡神社
（提供：神戸アーカイブ写真館）

鎌倉幕府が誕生した1192年頃、岡本にはすでに村（岡本郷）が形成されていた。当時隆盛を誇る源氏にあやかり、氏神である八幡大神（応神天皇）を村の鎮守として祀ったのがこの神社だ。豊臣秀吉も参拝した、と伝わる由緒ある神社だ。
神戸市東灘区岡本6-10-1
岡本駅から徒歩10分

保久良神社
（提供：神戸アーカイブ写真館）

鳥居前の常夜灯は、古代から大阪湾の沖を通る船の目印となり、"灘の一つ火"と呼ばれてきた。現在も毎夜点灯されている。また、この神社は、本殿周辺に巨大な岩（磐座）が規則性を思わすように配置されており、古代文明・カタカムナの聖地として、知る人ぞ知る人気スポットになっている。
神戸市東灘区本山北町680
岡本駅から徒歩30分

御影《みかげ》

神戸線

阪神間の代表的な高級住宅街 駅の山の手には美術館が建ち並ぶ

御影駅（提供：阪急電鉄）

写真は、緑豊かな高級住宅地に囲まれた当時の御影駅。まだ建て替え前の古い駅舎につながるホームに電車が静かに滑り込んだ来る様子が撮影されている。

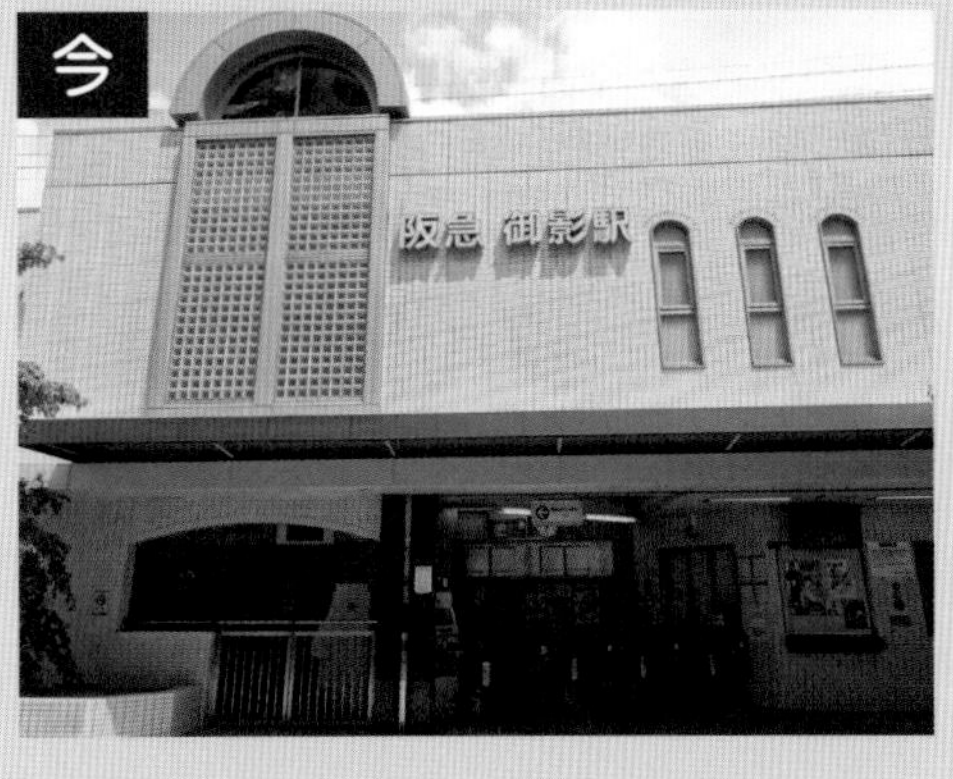

御影駅（提供：神戸アーカイブ写真館）

現在の御影駅の駅舎。白いタイルの壁にアーチの窓、トップにステンドグラス風の窓をあしらった瀟洒な駅に建て替えられた。山の手で神戸らしいロケーションにふさわしい駅として好評だ。

直線区間が多い神戸線だが、御影駅の梅田寄りにはS字カーブを描く場所がある。これはこの地に邸宅を構える人たちが沿線開発の反対運動を起こし、苦肉の策で迂回ルートが取られたからだ。当然ながら電車が走行する制限時速も抑えられている。

昭和43年から平成10年にかけ隣りの六甲駅まで直通運転していた山陽電鉄の電車は、御影駅西側の待避線を使って折り返していた。令和4年12月のダイヤ改定以降、待避線は使用されていない。

駅のすぐ北側には地元の人たちの憩いの場になっている深田池公園があるが、この辺りから白鶴美術館までの一帯は、「住吉山手」と呼ばれる環境の良い邸宅街だ。また御影は灘五郷の一つ「御影郷」と呼ばれる地域で、現在も、白鶴・菊正宗・剣菱などの造り酒屋や操業している。

御影石で有名な「御影」という地名の由来は、この地には古代の職業である「鏡作部」がいて、鏡を「御影見」と言ったことからという説、また、近くの摩耶山にある河内国魂神社の祭神が「天御影命」であることから地名になったとも言われる。歴史的に有名なのは、澤之井という泉があり、神功皇后がその水面に御姿を映し出したことが「御影」の名の起こりとされる。

見どころスポット

弓弦羽神社（提供：神戸市文書館［所蔵:神戸大学文学部］（左）、**神戸アーカイブ写真館**（右）**）**

「弓弦羽神社」は阪急の御影駅の南東、香雪美術館に隣接する形で鎮座する。神功皇后が三韓征伐の帰途、忍熊王が謀叛を企てたことを知り、この地で弓矢・甲冑を埋めて熊野大神を斎奉したことで、戦に勝ったことが神社の由来とされている。旧御影・郡家村の氏神で、熊野三山の神を祭神とする。地元の酒造会社の信仰が篤く、元旦には菊正宗・白鶴・剣菱の樽酒が「灘の旨酒・呑み比べ」として振る舞われる。スポーツにもゆかりが深く、フィギュアスケートの羽生結弦選手が参拝したことでも有名になった。

上流の水遊び

住吉川より白鶴美術館

住吉川

昭和9年に、白鶴酒造7代目の嘉納治兵衛によってつくられた美術館。本館の建物は有形文化財。開館は3月中旬～6月初旬、9月初旬～11月下旬。月休、大人800円
神戸市東灘区住吉山手6-1-1
御影駅から徒歩15分

深田池公園

春は桜の名所、散策や釣りも良しと、地元の人たちの憩いの場になっている。池の南岸には松の木の並木がある。
神戸市東灘区御影山手1-5
御影駅から徒歩2分

香雪《こうせつ》美術館

朝日新聞社を創立した村山龍平は1900年頃に御影郡家の土地を購入し、和洋の建物を合わせ持った邸宅を建築した。1973年には敷地内に美術品コレクションを紹介する香雪美術館がオープンしている。建物（洋館、書院棟、茶室棟など）と土地は2011年、「旧村山家住宅」として、国の重要文化財に指定された。

古地図探訪

駅周辺は、関西を代表する高級住宅地で、白鶴美術館、香雪美術館、かつては深田池公園の北側に豊雲記念館もあった。弓弦羽神社や本住吉神社といった古社も鎮座する。

阪神間モダニズム

大正から昭和初期にかけて花開いた建築・芸術・生活様式が「阪神間モダニズム」

阪神間と言うと、大阪と神戸の間なので、一般的には尼崎市、西宮市、芦屋市を指す。しかし広義では、神戸市東部、宝塚市、伊丹市も含めた地域、いわゆる六甲山を背にした旧摂津国の兵庫県側ということになる。

阪急電鉄の創業者・小林一三は、この地域に鉄道を敷きながら行楽地をつくり、沿線の宅地開発、環境にこだわった高級志向の街づくりで、阪神間のイメージアップに貢献した。

中でも夙川、芦屋川、住吉川という3つの川の存在は大きい。これらの地域に住む人たちはもともと住環境への意識も高く、豊かな文化的土壌を育んできた。現在でもこのエリアはステータスが高いようだ

交通網が整備されると、大阪で成功した実業家たちが阪急沿線に競うように邸宅を構える。また

旧山邑家住宅

芦屋市にある、灘五郷造り酒屋・櫻正宗の八代目当主山邑太左衛門の別邸。アメリカ人建築家フランク・ロイド・ライトが設計。国の重要文化財。ヨドコウ迎賓館になっている。

旧甲子園ホテル

西宮市の武庫川沿いに開業したホテルで、フランク・ロイド・ライトの弟子遠藤新が設計した。現在、武庫川女子大学の学舎として利用されている。

白鶴美術館

神戸市東灘区の東洋古美術を中心とした美術館。白鶴酒造7代目当主嘉納治兵衛の収集品を展示するため昭和9年から公開されている。

滴翠美術館

芦屋市にある兵庫県登録博物館。大阪の山口財閥の四代目当主山口吉郎兵衛の邸宅の一部を美術館として改装。陶磁器を中心に展示。

1923(大正12)年9月1日の関東大震災を機に多くの文化人が阪神間へ移り住んだ。

そして大正から昭和初期にかけて、この地域に花開いた建築・芸術・生活様式が「阪神間モダニズム」と呼ばれるようになる。

この言葉は地元の研究者や学芸員が提唱したもので、1990年代以降、阪神間の美術館、博物館、文学館などで研究や発表・展示が行われるようになった。

絵画、彫刻といった美術、文学、音楽、写真作品などとともに大正・昭和戦前期に建てられた建造物が多く残っていたことも再評価され、保存する動きとなった。

しかし、1995(平成7)年に発生した阪神・淡路大震災は、これらの建造物に多大な被害を与え、地域に残された芸術作品にも危機が訪れた。とはいえ、この被害からの救済、復興などで、再び「阪神間モダニズム」にスポットが当たることになったのは皮肉なことだ。

阪神間モダニズムの代表的建造物としては、旧山邑邸、旧乾邸、旧甲子園ホテル、滴翠美術館、白鶴美術館、倚松庵、御影公会堂、三井商船ビル、風見鶏の館、兵庫県公館などがある。

御影公会堂

神戸市東灘区にある神戸市立御影公会堂。石屋川の東側、国道2号線の北側にある。食堂は建設当時から営業。国の登録有形文化財。

旧乾邸

神戸市東灘区にある、乾汽船創業者、4代目新兵衛・乾新治の個人住宅。モダニズム建築で知られる建築家・渡辺節が設計した。

倚松庵

神戸市東灘区にある文豪谷崎潤一郎の旧居。ここで執筆された代表作「細雪」にちなんで、"細雪の家"とも呼ぶ。庵号は松子夫人の名。

商船三井ビルディング

神戸市中央区で大正11年に旧大阪商船神戸支店として竣工。旧居留地の南、海岸通りに面して建つ。当時7階建ては高層ビルであった。設計は渡辺節。

兵庫県公館

当初は兵庫県庁本庁舎で、1902(明治35)年に建てられた。ルネッサンス建築で、設計は文部次官山口半六。現在は迎賓館、資料館として活用。

風見鶏の館

神戸市中央区北野町にドイツ人貿易商の住宅(トーマス邸)として建てられた異人館。煉瓦造りと屋根の風見鶏が特徴。国の重要文化財。

六甲《ろっこう》
神戸線

六甲山登山客の玄関口。駅舎は平成12年に橋上化。

六甲駅（提供：神戸アーカイブ写真館）

開業当時のままの六甲駅。改札口の向こうに見えるホームはシンプルな島式2面4線で、構内踏切が設けられている。

六甲駅

現在の駅舎は平成12年に橋上化されたもの。駅舎は書店や飲食店が入る「六甲阪急ビル」になっている。1階はバスターミナルで、平日は学生たち、休日は六甲山へ登る客で賑わう。

六甲駅は六甲山の玄関で、登山口の六甲ケーブル下行きバスが駅前から頻繁に出ている。周辺には神戸大学や神戸松蔭女子学院大学、六甲学院や親和女子高など有名校が点在。学生の利用も多い。

六甲山の発展は、明治28年に英国人A・H・グルームが六甲山に登り、避暑地として気に入り、別荘を建てたのが始まりだ。以後、外国人だけでなく、日本の富裕層の別荘などが次々と建てられた。1901（明治34）年、日本初のゴルフ場「六甲山ゴルフ遊技場」はグルームの手によりつくられている。

当初は別荘地として人気が高かったが、大正9年の阪急神戸線の開通により、六甲山への登山者が多くなった。当時、登山には山カゴが多く利用されていたが、六甲駅にはカゴ屋がたくさん集まっていたという。

大正14年に摩耶ケーブルが開通。その後、昭和3年に裏六甲ドライブウェイ、同4年に表六甲ドライブウェイ、同6年に六甲ロープウェイ、翌年に六甲ケーブル開通と、六甲山の交通の便は着々と進んで行った。

昭和43年、六甲駅まで山陽電車との相互直通運転が開始され（平成10年に廃止）、駅は改築された。そして駅舎は平成12年に橋上化。1階はバスターミナルになっている。

阪急六甲駅に停車中の山陽電車（提供：神戸市文書館）

昭和43年に六甲駅に相互乗り入れした山陽電車。ホームには「祝・神戸高速鉄道開通、阪急・山陽　相互乗り入れ開始　4月7日から」の看板が下がる。車両のプレートには「阪急六甲ー姫路間」の文字も見える。

六甲バスターミナル（提供：神戸市文書館）

昭和12年に撮影された六甲駅前のバスターミナル。駅前に並ぶバスや停まっている自家用車のデザインが時代を感じさせる。

見どころスポット

灘丸山公園

平成2年4月に完成した公園で、元は神戸製鋼所の野球場だった。摩耶山中腹という高地に設けられているので、神戸の市街地が一望できる。夜景も美しい。
神戸市灘区五毛
六甲駅から徒歩15分

兵庫県神戸護国神社

神社の境内には桜の木が多く、シーズンになると花見客で賑わう。広い境内の大きな社殿には、兵庫県下のこの神社管内出身戦没者5万余柱の英霊が祀られている。
神戸市灘区篠原北町4-5-1
六甲駅から徒歩15分

六甲八幡神社

厄除の神様で氏子から「やく じんさん」と親しまれている。毎年1月18日・19日に行われている。この2日間は朝から夜までの期間厄除祈祷があり、多くの人が訪れる。
神戸市灘区八幡町3-6-5
六甲駅南出口すぐ

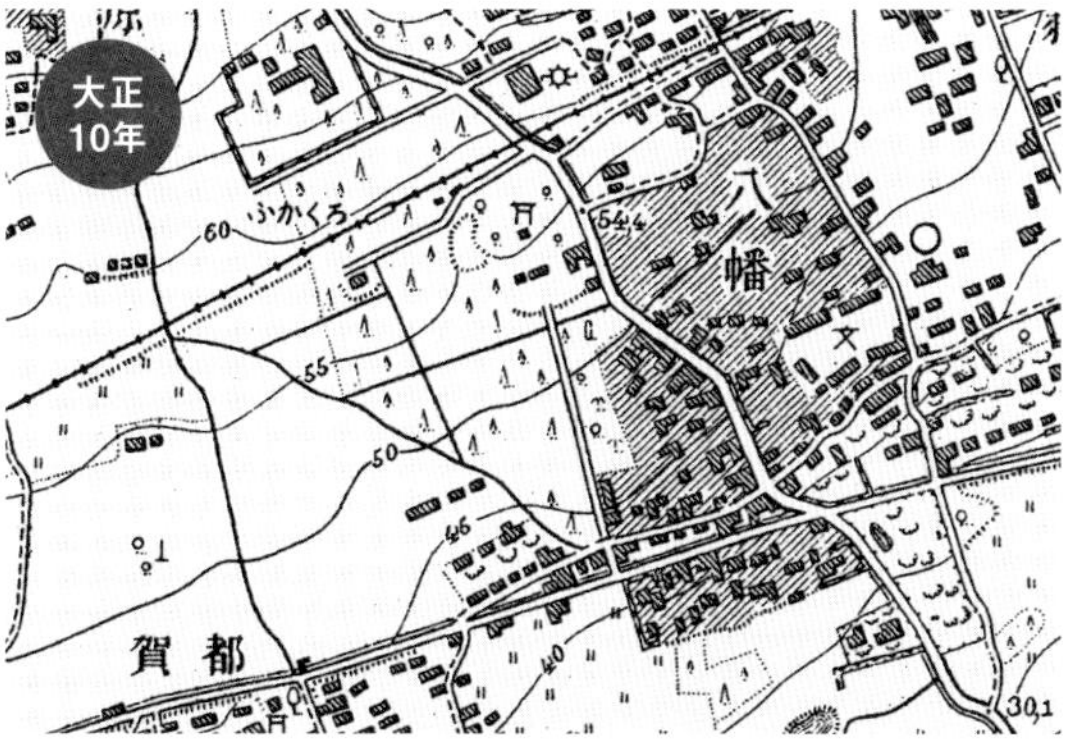

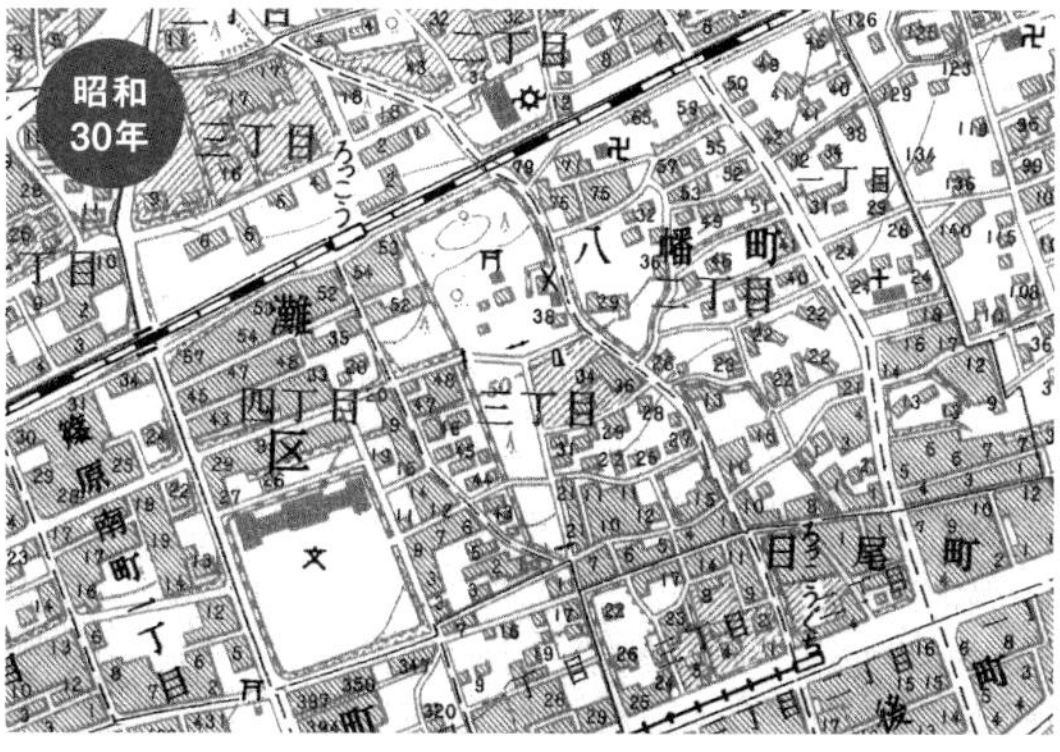

古地図探訪

六甲駅は阪急神戸線開通時に開業している。北側には神戸大学のほか有名私立校が多い。地図の南側にある鳥居の記号は六甲八幡神社。その東側に「八幡」の地名も見える。

神戸のシンボル「六甲山系」

六甲山は神戸の開港後、居留地に住む外国人によってレクレーションの場となり、大正、昭和初期にケーブルやドライブウェイなどが開通するのに伴い、ホテルをはじめとした観光施設も順次整備され、楽しめる山となった。市民による毎日登山の会なども活発だ。今や神戸のシンボルとなった六甲山開発の一部をご紹介する。

六甲ケーブル

阪神・淡路大震災後、営業が休止されていたが、1999（平成11）年に運行再開。現在も六甲山観光の路線として親しまれている。

六甲ケーブル「土橋駅」

1932（昭和7年）3月に六甲越有馬鉄道の「土橋駅」として開業。昭和48年2月に「六甲ケーブル下駅」と改称されている。

六甲ケーブル下駅

戦時中は路線が休止されていたが、戦後の1945（昭和20）年8月に営業再開。1973（昭和48）年2月に「六甲ケーブル下駅」と改称。

昭和30年

摩耶ロープウェイ

摩耶ロープウエイは、1955(昭和30)年7月に神戸市交通局により営業開始。現在は神戸市住環境整備公社の「摩耶ロープウエー」として営業中。

平成13年

摩耶ケーブル

阪神・淡路大震災で被災し、長期休止していたが、2001(平成13)年3月に営業開始、駅名は「摩耶ケーブル駅」に改称。

大正14年

摩耶ケーブル「山上駅」(提供：神戸アーカイブ写真館)

摩耶ケーブルは、1925(大正14)年1月に開業した。写真は、開業当時の「山上駅」を撮影したもの。

六甲高山植物園

植物学の第一人者・牧野富太郎博士の指導を受けて、1933(昭和8)年6月に開園。六甲山の気候を利用して世界の高山植物や寒冷地の植物など約1500種の植物を栽培している。

六甲山の碑

六甲山の眺望のよい記念碑台には、「六甲山開祖」と呼ばれたアーサー・ヘスケス・グルームの胸像や、写真の「碑を建てることば」などの石碑が建てられている。

拡張された六甲山牧場(昭和36年)

六甲山牧場入口

六甲山牧場(昭和30年代)

六甲山牧場はスイスの山岳牧場を範にした高原牧場で、1956(昭和31)年に放牧を開始した。全面積は126ヘクタール、内23ヘクタールを1976(昭和51)年から一般に開放。牧場内には、チーズ館、レストラン、乳製品の売店など観光客向けの施設も充実している。

毎日登山の会

特集

街と山が近い神戸には毎朝六甲山系の山々に登る、「毎日登山」という独自の文化がある。毎日登山は、現在、六甲山系の山筋で行われており、各山筋ごとに登山会がある。今回はその中でも最大規模で、歴史ある「神戸ヒヨコ登山会」にスポットを…。

神戸ヒヨコ登山会発祥の地碑

善太郎茶屋跡には、平成30年の神戸ヒヨコ登山会95周年記念に建てられた「神戸ヒヨコ登山会発祥の地」碑も。創立日「大正11年10月5日」も刻まれている。

神戸ヒヨコ登山会の仲間たち

毎日登山』以外にも六甲山系を中心に、あちこちの山歩き例会が毎月のように開催され、7つの支部の各メンバーの親交を深める場ともなっている。

100周年記念式典写真

令和4年10月2日、ANAクラウンプラザホテルで開催された、「神戸ヒヨコ登山会」創立100周年記念式典の様子

毎日登山発祥の地碑

再度山の大龍寺参道付近に建つ「毎日登山発祥の地」碑。当時、茶屋には登山者のサイン帳が置かれ、登山仲間の社交場として賑わったという。

「毎日登山」の歴史をたどれば、なんと神戸港の開港まで遡る。明治時代の中期頃に神戸の居留地に住むようになった外国人たちが健康維持のために山に登っていたのを、日本人たちも真似始めて、その後習慣化させたのが始まりらしい。

　その発祥の地とされているのは再度山で、中腹にある太龍寺の参道付近の善助茶屋跡や、少し離れた善太郎茶屋跡には、「毎日登山発祥の地」の記念碑や説明板が建てられている。

　かつてここにあった茶屋は、登山客を相手に吉岡善助・善太郎兄弟が始めたもので、善助茶屋は貿易商を営む外国人が中心。善太郎茶屋のほうは、日本人で賑わったそうだ。

　1922（大正11）年に発足した神戸ヒヨコ登山会には、保久良、一王山、布引、再度、高取、旗振、唐櫃《からと》と7つの支部がある。「ヒヨコ」というユニークネーミングは、「自分たちは登山に関しては素人、いつまでも謙虚な姿勢で山に登ろう」との 思いを込めたという。

　会員の一人である前田康男さんは、「吉岡善助さんは布引にあった貯水池の管理人で、池に近い場所に小屋を建てて住み始めたそうです。その後、居留地で山歩きをする外国人

六甲十善寺境内の紅葉

一王山 十善寺

950年続く、歴史ある寺で、創建された時の縁で弘法大師も祀られている。一王山の山号は寺の南の地名「一の尾」にちなんだもの。「王は十善、神は九善」ということから寺号を十善寺と称したという。背山には八十八ヶ所の霊場があり、毎月21日にはお大師様の日として供養している。

十善寺境内で朝のラジオ体操

一王山の毎日登山会の皆さんは、毎日十善寺の境内で、毎朝6時（春・秋は6時15分、冬は6時半開始）、と7時（通年）の2回に分けて体操を行っている。

景勝地に鎮座する十善寺は、秋の紅葉も見事!
（撮影：豊永祐子）

六甲山のアジサイ「六甲ブルー」

神戸ヒヨコ登山会一王山支部の前田康男さん

六甲山の青色アジサイが「六甲ブルー」と呼ばれていることを、今回の取材で出会った前田康男さんに教えてもらった。六甲山の酸性土壌が鮮やかな青を育むそうだ。山歩きで登山道のあちこちに群生しているのを目にするという。かつてはハゲ山だった六甲山を何とかしなければ…という市民の思いも植栽運動につながった。これには「戦後間もない昭和25年頃、阪急電鉄創始者・小林一三が、今の六甲山小学校に3000株ものアジサイの苗を寄贈したのが始まり」という逸話もある。六甲高山植物園にも初夏になると六甲ブルーのヒメアジサイの群落が見頃になる。アジサイは神戸の「市花」にも選ばれている。

六甲山のアジサイ「六甲ブルー」
（撮影：前田康男）

カミカ茶＋読林

「カミカ茶寮＋読林」オーナーの豊永祐子さん

十善寺境内にある茶屋「カミカ茶寮＋読林」は、毎朝6時半から営業しており、朝の体操を終えた人びとの憩いの場になっている。トーストセットとおにぎりセットの2種が　モーニングセットとして用意されており、どちらも見た目に美しく配膳され、オーナーの豊永祐子さんの人柄とセンスがうかがえる。また、「読林」というのは、茶屋の2階をミニ図書室&勉強部屋として子どもたちに開放しているため。近所の子どもたちのお母さんでもある。

たちと顔馴染みになり、お茶屋を始めた。そこへ来た人が名簿に記入して記録を残したのも今の〝毎日登山〟の習慣につながっています」と話す。

前田さんが所属する一王山の毎日登山会の要である会館は十善寺に置かれている。このお寺の境内では毎朝6時と7時にラジオ体操を開催。地域のコミュニティづくりの役割も担っている。

会館に隣接して茶屋（カミカ茶寮）がある。子ども好きのオーナー・豊永祐子さんの心づくしの手料理や楽しいイベントを目当てに、わざわざ遠くから訪ねて来るファンも多い。

現在、各登山会の悩みは高齢化による会員の減少というが、一王山支部だけは例外のようで、子どもたちと一緒に参加する親たちなど若い世代の姿が目立っている。

王子公園
おうじこうえん
神戸線

西灘駅から「王子公園駅」に改称
パンダがいる王子動物園が有名

西灘駅（昭和51年）
（提供：上野又勇）

開業以来「西灘駅」だったが、この写真が撮影された8年後の昭和59年に現在の「王子公園駅」に改称された。駅舎は昭和31年に改築されている。

王子公園駅西出口
（提供：神戸アーカイブ写真館）

動物園や遊園地、神戸文学館、旧ハンター住宅など、駅周辺の主要なスポットの玄関口になっている。高架上は阪急神戸線が走っている。

王子公園駅は1984（昭和59）年に「西灘駅」から改称された。前身の西灘駅は、1936（昭和11）年4月11日、神戸市内高架線による三宮乗り入れと同時に新設された駅だ。

それまで神戸線は、六甲駅の次が終点の上筒井駅で、この駅は今の王子動物園と県立近代美術館の間の通りを西へ約600メートル（現在の坂口通2丁目辺り）のところにあった。そこで神戸市電と連絡をしていた。

三宮までの高架線が完成すると、西灘〜上筒井間は支線となり、やがて昭和15年に廃線になった。

新設の西灘駅は、当時、都市計画道路が未完成な上、駅も移設される予定なので、木造板張りの仮設構造ホームでのスタートとなった。しかしこの駅は戦災で消失。長く仮設駅での営業が続いていたが、昭和31年に王子公園で国体開催される時にRC造りに改築され、現在に至る。

王子公園内にある王子動物園は、平成12年7月にジャイアントパンダが来てから全国的に有名になった。

王子公園は、この動物園を核に、遊園地、動物科学資料館があるほか、国の重要文化財でもある異人館「旧ハンター住宅」が移築されている。神戸文学館や王子スタジアム、県立美術館なども隣接している。

王子公園付近を走る9000系

かつて高架の下を走っていた神戸市電は撤去されている。左側に王子公園駅の西口が見える。高架上を走るのは阪急9000系電車。

阪急と神戸市電が交差（昭和44年１月）

原田付近で、阪急神戸線と神戸市電が立体交差している。神戸市電は昭和16年に開業し、西灘駅（現・王子公園駅）のそばに原田電停を設けていた。この市電は昭和44年に廃止された。

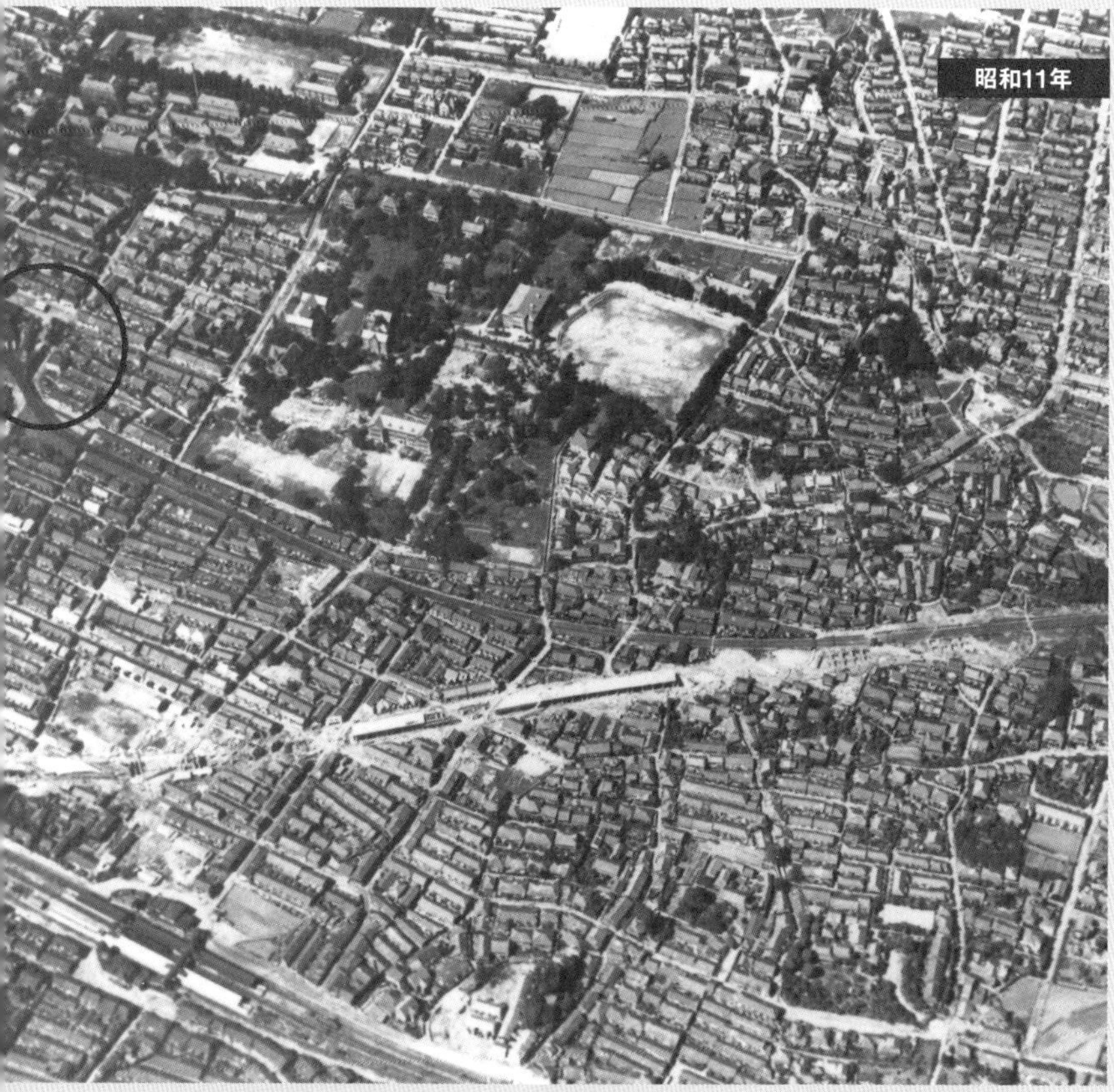

西灘付近空撮（左端が旧上筒井終点駅）（提供：神戸市文書館）

西灘王子原田付近航空写真（昭和11年）真ん中弓なりに枝分かれしている阪急の線路が旧線。左端の○印付近が旧上筒井終点。

かつての終点・上筒井駅（提供：アーカイブ写真館）

当初、神戸側の起終点は上筒井駅だった。しかし、昭和11年4月1日に西灘駅から三宮駅（当時は神戸駅）まで神戸市内高架延長線が完成。神戸線は三宮へ乗り入れを果たす。その後西灘～上筒井間は路面電車による支線となったが、昭和15年に廃止された。

約130種800点の動物がいる「神戸市立王子動物園」

神戸市立王子動物園は、昭和26年に開催された日本産業貿易博覧会(神戸博)の跡地を利用して開園した。総面積は、8万平方メートル。約130種800点の動物がいる。ふれあい広場や遊園地、動物科学資料館なども併設。また敷地内には、現存する神戸異人館の中では最大級の旧ハンター住宅(重要文化財)も移築されており、期間限定で公開している。動物園に隣接して平成18年に神戸文学館が開館した。この文学館は、明治37年に関西学院の初代チャペルとして建てられたもので、平成20年に登録有形文化財に指定されている。

大混雑の王子動物園

30年代にはトラ、シマウマ、チーター、カンガルー、ホッキョクグマ、カバ、クロサイなどが来園。入場券売り場も園内入口も大混雑した。

王子動物園

KOBE OJI ZOOの「O」の中に、一番の人気者であるジャイアントパンダをシンボルマークに入れている王子動物園。

人気が高い飛行機型の乗り物

大人も童心に返って家族みんなで楽しめる…園内を一望できる飛行機型の遊具は当時からも大人気。

王子動物園全景（提供：神戸アーカイブ写真館）

春、園内に植えられている桜がいっせいに開花し、王子動物園や遊園地はピンク色に染まる…。この季節はお花見を兼ねて入園する人が多い。

写真提供：神戸アーカイブ写真館

繁殖に成功したヨーロッパフラミンゴ

1981（昭和56）年、国内で初めてヨーロッパフラミンゴの繁殖に成功する。体色は白く桃色に染まるヨーロッパフラミンゴは、くちばしで小さな水生植物・水生動物をこして食べる。

一番の人気者はジャイアントパンダ

王子動物園の一番の人気者はジャイアントパンダ！初めてパンダがやって来たのは2000（平成12）年。オス・興興（コウコウ）・メス・旦旦（タンタン）が10年間の予定で飼育展示された。

見どころスポット

旧ハンター住宅

明治時代の最も優れた洋風建築の一つ。明治22年頃ドイツ人のA.グレッピー氏が英国人技師に依頼して建築。その後、英国人のE.H.ハンター氏が、この建物を買い取り、改造して現在の建造物に仕上げた。昭和41年に国の重要文化財に指定されている。
神戸市灘区青谷町1-1-4
王子動物園内　王子公園駅から徒歩5分

兵庫県立美術館

西日本最大規模の床面積で、収蔵作品は約7000点。内外の近代彫刻、近代版画、郷土ゆかりの美術に現代美術が加わり、4つの柱で構成されている。神戸市中央区脇浜海岸通1-1-1　王子公園駅から徒歩18分、阪神電鉄岩屋駅から徒歩8分

敏馬（みぬめ）神社

元の御祭神「みずはのめのかみ（水の神様）から「みぬめ」の名称が生まれたと伝えられる。市内最古の神社の一つで、万葉集や勅撰和歌集にもこの地を詠み込んだ歌が多い。
神戸市灘区岩屋中町4-1-8
王子公園駅から徒歩15分 阪神電鉄岩屋駅からすぐ

神戸文学館

レンガ造りのクラシックな建物は昔の関西学院のチャペルだった。かつて隣りに神戸高商（現・神戸大学）もあり、周辺はカフェなどの飲食店が並び、学生街として賑わっていたという。

神戸市灘区王子町3-1-2　王子公園駅から徒歩5分

春日野道
かすがのみち
神戸線

三宮の市街地が望める高架駅 南側には庶民的な商店街が広がる

春日野道停留場
（提供：神戸アーカイブ写真館）

春日野道駅は、昭和11年4月11日、神戸線の神戸駅（現・神戸三宮駅）延伸と同時の開業なので、写真はその直前に撮されたもの。

現在の高架下改札口

駅舎が高架下に立地している春日野道駅は、隣りにJR神戸線が並行して走り、狭い敷地を有効活用している。駅舎（改札口）は梅田寄りの一ヶ所だけである。

王子公園駅の次駅で神戸三宮駅の一つ手前の駅である春日野道駅も、1936（昭和11）年4月に開業した。三宮高架線乗り入れを開始する際に開設された歴史のある駅だ。

幅の狭い島式ホームの高架駅なのは、大阪梅田駅隣りの中津駅に似ているが、中津駅よりはやや幅広だ。その後安全性強化のために、ホームにテレビモニターが設置されている。

見晴らしの良いホームに立つと、三宮界隈のパノラマ風景が目前に。北側は眼下に国道2号、南側はJR神戸線の線路が並行しており、改札口は高架下にある。南側には阪神本線の春日野道駅が存在する。

この阪神春日野駅と阪急春日野駅をつなぐように南北に長い「春日野道商店」は今も健在。3代以上続く老舗と新しい店が混じり合っている。

「春日野」という雅な地名は、かつてこの付近にあった野原の名前とかで、もともとは近くにあった「春日明神」に由来する。平安時代、この辺りの野原は、宮中に献上する若菜（大根）の産地であったということも伝わっている。駅の北にある泉隆寺（中央区中尾町）の門前には「史蹟・若菜の里阯」とある。この辺りで若菜が栽培されていたという当時の名残りだ。

狭いホームで有名

中津駅同様に整列乗車のための乗車位置表示は設置されていない。鉄骨造りのホーム上屋の一部は開業以来のものだ。隣りにJR神戸線の線路が見える。

春日野道商店街

阪急・春日野道駅と阪神・春日野道駅をつなぐ形で、南北に広がっている。戦前から神戸の三大商店街と言われ、戦後日本の復興や高度成長期を経て、阪神・淡路大震災も乗り越えた歴史ある商店街。三代続く老舗から新しくオープンした店まで様々な店舗が軒を連ねる。

見どころスポット

竹中大工道具館

竹中工務店が昭和59年に開設した企業博物館。縄文時代から昭和までの木造建築に使った道具や、日本の伝統的な「木組」を展示するなど、大工道具約35,000点を収集・保存した日本唯一の博物館。
神戸市中央区熊内町7-5-1
春日野駅道から徒歩15分
月休 9:30〜16:30(入館は16:00まで)入館料i一般500円

神戸市文書館

旧南蛮美術館で知られる文書館。神戸の歴史や文化に関する文書・資料などを保存、閲覧室を設けて公開している。もともと神戸在住の富豪・池長孟氏のコレクションを集めた私立の美術館として建設された。大理石の装飾でアールデコ様式の建物は平成12年に神戸市景観形成重要建築物の指定を受けている。
神戸市中央区熊内町1-8-21
春日野道駅から徒歩10分

泉隆寺

超音山竜泉寺で西本願寺派。元は真言宗の寺で蓮如上人によって宗旨替えされたと伝えられる。かつてこの地は大根の名産地で、七草粥の若菜、すずしろなども採れた。寺の門の前には「若菜の里碑」がある。
神戸市中央区中尾町11-21
春日野道駅から徒歩15分

筒井八幡神社

平安時代に宇佐八幡宮から勧請され、応神天皇(八幡大神)が祀られている。この地には古くから清水が湧き出て、井筒を利用したことから「筒井」という地名に。その井筒は現在境内に残っている。
神戸市中央区宮本通3-1-5
春日野道駅から徒歩10分

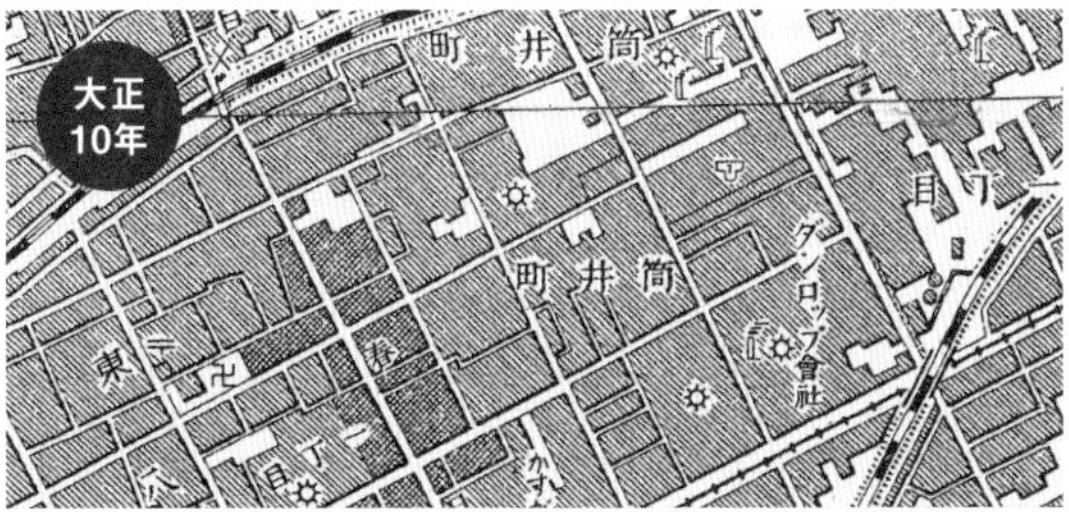

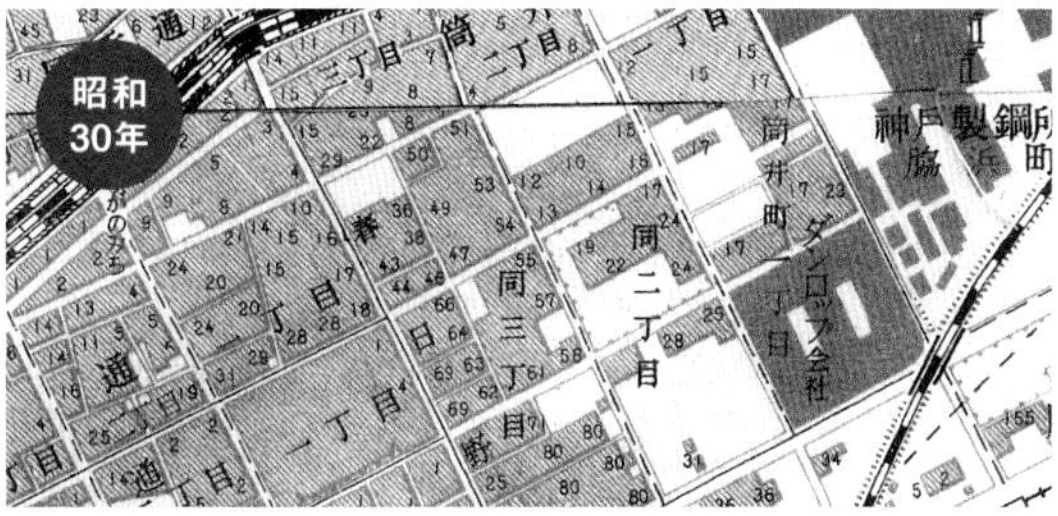

古地図探訪

南側には阪神春日野道駅も存在する。地図にあるダンロップ会社は、1909(明治42)年、英国ダンロップ社によりわが国初の近代ゴム工場として創業した住友ゴム工業だ。

神戸三宮
こうべさんのみや
神戸線

阪神・淡路大震災から復興を遂げ、発展を続ける神戸繁華街の玄関口

完成した高架を走る電車（昭和11年）
（提供：神戸アーカイブ写真館）

完成したばかりの阪急神戸ビルから飛び出し、同時期に完成した高架の上を試運転中の電車。運転席の窓に運転手数人の顔が見える。

神戸三宮駅（今）

2021年4月26日に開業した阪急神戸三宮駅と一体構造の複合商業ビル「神戸三宮阪急ビル」（旧神戸阪急ビル東館）。

1936（昭和11）年、神戸駅の名で開設したが、1968（昭和43年）の神戸高速鉄道開通に伴い三宮駅に。2013（平成25）年には神戸三宮駅と改称、現在に至る。

駅周辺にはJR三ノ宮駅、阪神・神戸三宮駅、ポートライナー（神戸新交通）の三宮駅、神戸地下鉄西神・山手線の三宮駅、海岸線の三宮・花時計前駅などターミナル駅が集まり、神戸最大繁華街の玄関口になっている。

1995（平成7）年に発生した阪神・淡路大震災で大きな被害を受けたが、年々新しい商業施設が相次いで出店。見事に復興を遂げた。

三宮という地名は、大丸神戸店のそばに鎮座する「三宮神社」に由来する。この神社は生田神社の八柱の裔神を祀った一宮から八宮までの神社（生田裔神八社）の一つ。境内に「史跡神戸事件発祥地碑」などもある。

神戸三宮駅の南には神戸市役所があり、西側の元町にかけては神戸市立博物館、大丸神戸店などが並ぶ。

また海岸沿いは、神戸外国人居留地で知られる。西洋文化の入口として栄え、地域や国内にも大きな影響を与えたビルやホテルなども点在。その後、雑居地として発展した、「北野の異人館通り」とともに神戸の人気観光スポットになっている。

ビルから電車が…
（提供：神戸アーカイブ写真館）

祝いの旗がひらめくビルのアーチ形トンネルから電車が出て来る珍しい風景に眺め入る人びと。ガード下を通過するのは当時の神戸市電。

阪急会館全景
（提供：神戸アーカイブ写真館）

写真は昭和11年3月、阪急会館(神戸阪急ビル東館)が完成した当時の様子。阿部美樹志設計で竹中工務店が施工した。

三宮阪急前停留所と市電（提供：神戸アーカイブ写真館）

ガード下の停留所「三宮阪急前」に2両の神戸市電が連なって停まっている。ゲタを履いたおじさんが悠々と車道を横切るのもこの時代ならではの風景…。

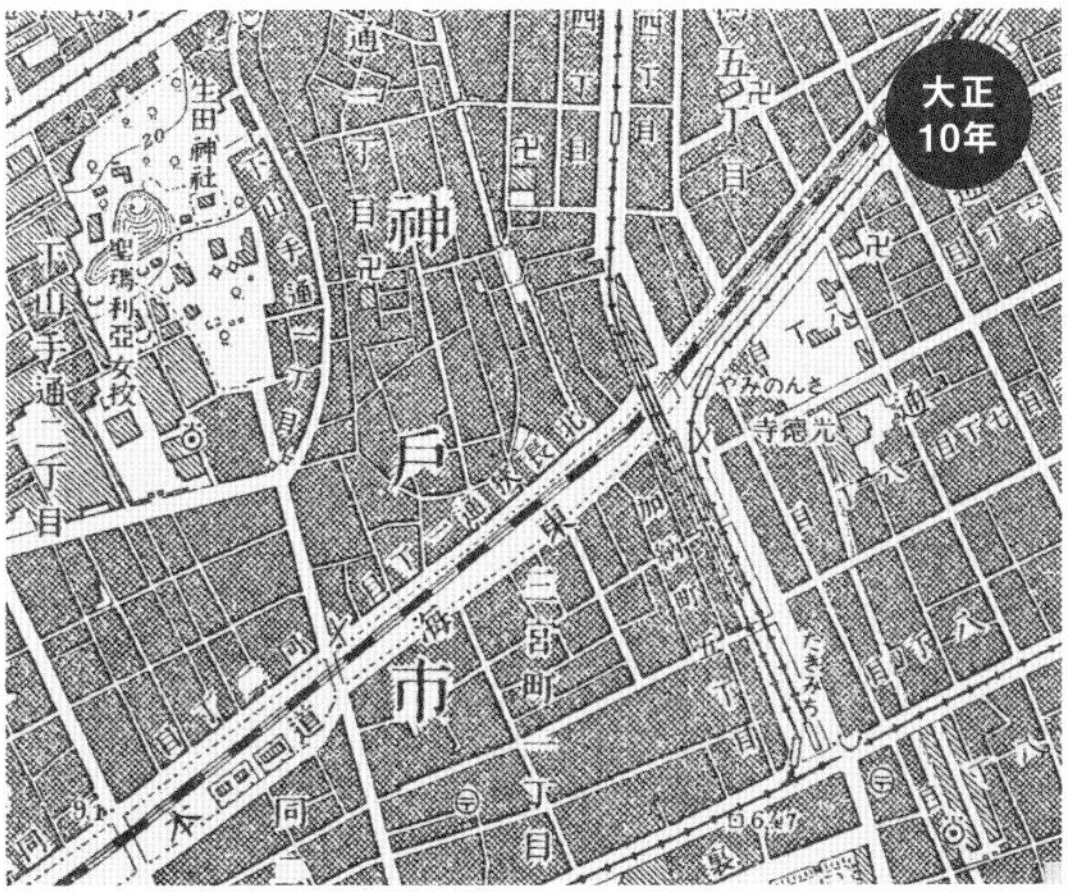

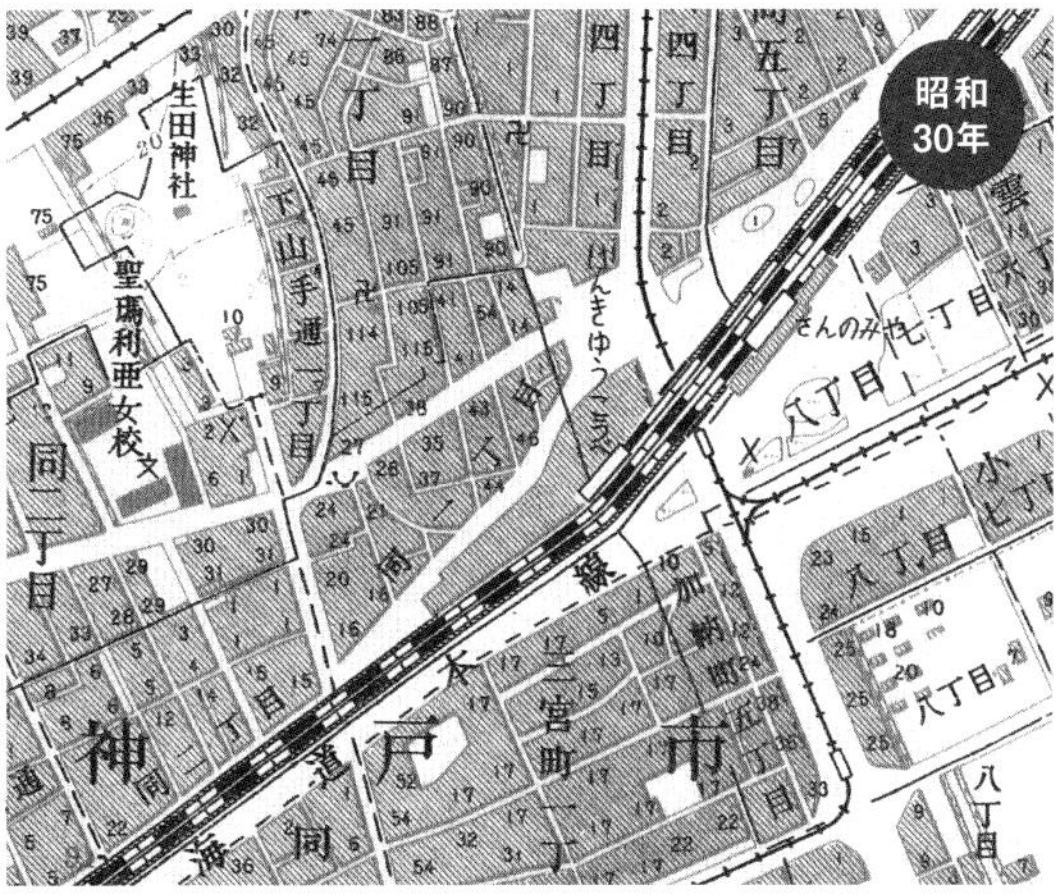

古地図探訪

1921（大正10）年当時、国鉄（現JR）も阪急も三宮駅はなく、阪神だけ三宮～滝道駅まで路線を延ばし神戸市電と連絡していた。昭和30年になると3社は一ヶ所に集中する。

三宮クロニクル

神戸市の中心市街地を形成する三宮は、戦後の高度成長期以降に大繁華街となった地域。西側の元町にかけて商業施設や行政機関が集積している。また、南側に神戸港や旧居留地があり、北側は六甲山が近いという地形もあり、昔も今も観光スポットに恵まれている。

完成したばかりの阪急三宮駅ホーム

アーチ式・頭端式ホームの高架駅・三宮駅。写真奥が大阪方面。ホームには600型と900型の電車が停まっている。

昭和11年

FINE VIEW OF NEAR HANKYU-KAIKAN, KOBE.
（神戸）阪急會館附近の美觀

昭和12年

阪急神戸ビル前の風景

神戸線が三宮まで延伸されるのを機に、三宮駅（現・神戸三宮駅）のターミナルビルとして建設された。三宮のトレードマークになっている。

海岸通り

居留地南端の通りが海岸に面していたので「海岸通り」に。モダンな石造建築に当時の文明開化の息づかいが。現在は国道2号の通称。

昭和45年

KAIGAN-STREET WITH A ROW OF LARGE MERCANTILE HOUSES, KOBE.
（神戸）高層商館の建並ぶ海岸通の美觀

海岸通り絵葉書
（提供：神戸アーカイブ写真館）

「神戸・高層商館の建ち並ぶ海岸通の美観」と案内された古い絵葉書。当時の外国商館はほとんどなくなったが、三井商船ビルディングは残っている。

そごう前を走る市電

まだ市電が走っていた頃のそごう前の交差点。三宮のランドマークだったそごうも2019年9月で閉店。現在は神戸阪急に変わっている。

海岸通り西を望む
（提供：神戸アーカイブ写真館）

外国商館が建ち並ぶ居留地方面を背に振り向けば、ハーバーランド方面に向かう海岸通りが見渡せる。ここから西には海岸通り一丁目〜六丁目が続く。

北野異人館通り
（提供：神戸アーカイブ写真館）

この当時も北野異人館通りは観光客に人気があった。異人館とは主として明治以降、居留地だった神戸・北野に欧米人が住宅として建てた西洋館のことだ。

北野異人館通り
（提供：神戸アーカイブ写真館）

北野通りを散策する女性たち。向かいにあるのはイギリス人建築家の設計によるコロニアル様式の「英国館」。その隣りは左右対称に建つ「洋館長屋」。

三宮クロニクル

北野の異人館街

昭和55年に全国初、国の重要伝統的建造物群保存地区に選定された。また、昭和62年度「いきいきとした楽しい街並み部門」も受賞。

北野異人館街の全景（提供：神戸アーカイブ写真館）

異人館とは主として明治時代以降、居留地だった神戸・北野に欧米人が住宅として建てた西洋館のこと。写真は、昭和61年頃に撮影された北野異人館全景。

神戸元町商店街

140年以上の歴史を持つ、神戸を代表する元町商店街。阪神淡路大震災後にいち早く復興。写真は当時のイベントで盛り上がる人々。

元町五月まつり

1995（平成7）年に発生した阪神・淡路大震災からの神戸復興「かんばろや！ WE lOVE KOBE」のイベントの一つとして開催された、元町五月まつり。

見どころスポット

異人館活用のスターバックス「北野物語館」

阪神淡路大震災で全壊した洋館を再活用。神戸市が平成13年に現在地に移築した。2階は資料館になっている。国の登録有形文化財。
神戸市中央区北野町3-1-31
神戸三宮駅から徒歩13分

三宮センター街

フラワーロードと鯉川筋を東西に結ぶ歴史のあるアーケード街。神戸最大のターミナル駅から近いのでいつも大勢の人で賑わっている。
神戸市中央区三宮町 神戸三宮駅から徒歩2分

神戸市立博物館

神戸の移り変わりを古代から近代までを常設展示している。南蛮人やキリスト教に関する美術、神戸ゆかりの芸術家の作品も見どころ。
神戸市中央区京町24
神戸三宮駅から徒歩10分

生田神社

日本書記に記される古社。806（大同元年）、生田神社の神様の世話をする44戸の家「神戸（かんべ）」が作られ、それが神戸の地名の由来。
神戸市中央区下山手通1-2-1
神戸三宮駅から徒歩10分

中華街・南京町

日本三大チャイナタウンの一つである神戸の中華街・南京町。色鮮やかな中国風の意匠を特徴とする100余りの店舗が軒を連ねる。
神戸市中央区（元町通と栄町通にまたがる一帯）
神戸三宮駅から徒歩10分

花隈・高速神戸・新開地
はなくま・こうそくこうべ・しんかいち
神戸線

阪急以外にも私鉄3社が乗り入れる 全国でも珍しい形態の神戸高速鉄道

「メトロこうべ」プロムナード
（提供：もふもふ堂）

「メトロこうべ」は高速神戸駅から新開地駅をつなぐ地下街。神戸高速鉄道が開通した半年後にオープンした。約700mにわたる地下街には居酒屋・卓球場・古書店・惣菜店などが並ぶ。また、写真のように巨大壁画やトリックアート、ストリートピアノなどの新スポットも続々誕生している。2022年3月、約30年ぶりに中間通路が大規模リニューアルされた。

1968（昭和43）年4月に営業を開始した神戸高速鉄道は、戦後に「神戸市復興基本計画」の一環として計画された。当時の神戸市内には旧国鉄だけが東西を貫通。市外から乗り入れていた私鉄4社（阪神・阪急・山陽・神鉄）のターミナル駅は、それぞれ大きく離れていた。

そこでこの4電鉄を結び、相互直通運転を可能にすれば、神戸市はもちろん私鉄各社も利便性がアップ。各地域との産業発展にも寄与できる、と考えられた。その結果、「車両と乗務員は持たず、線路と駅だけを持つ」という全国でも珍しい運営形態の神戸高速鉄道が誕生した。

これにより京阪神と明石・姫路方面は1本の線路で結ばれ、JRと並ぶ、神戸市の二大動脈が実現した。

神戸高速鉄道の最初の駅は、元町商店街やメリケンパークの最寄り駅阪急電鉄が管理する「花隈駅」だ。

次駅の「高速神戸駅」は、阪神と阪急の共同使用の駅。駅の営業主体は阪神電鉄が受け持ち、隣の新開地駅までは地下街（メトロこうべ）を介して連絡している。

「新開地駅」は阪神・阪急・神戸電鉄の駅。地下1階が神鉄のりば、地下2階に阪神・阪急のりばがある。古くから栄えた新開地の最寄り駅だ。

神戸電鉄新開地駅

神戸電鉄の新開地駅。停車中の電車は有馬温泉や三田市方面に向かう。

花隈駅

改札口は東西に各一箇ずつある。現在は本丸跡が公園になっている花隈城址の最寄駅。

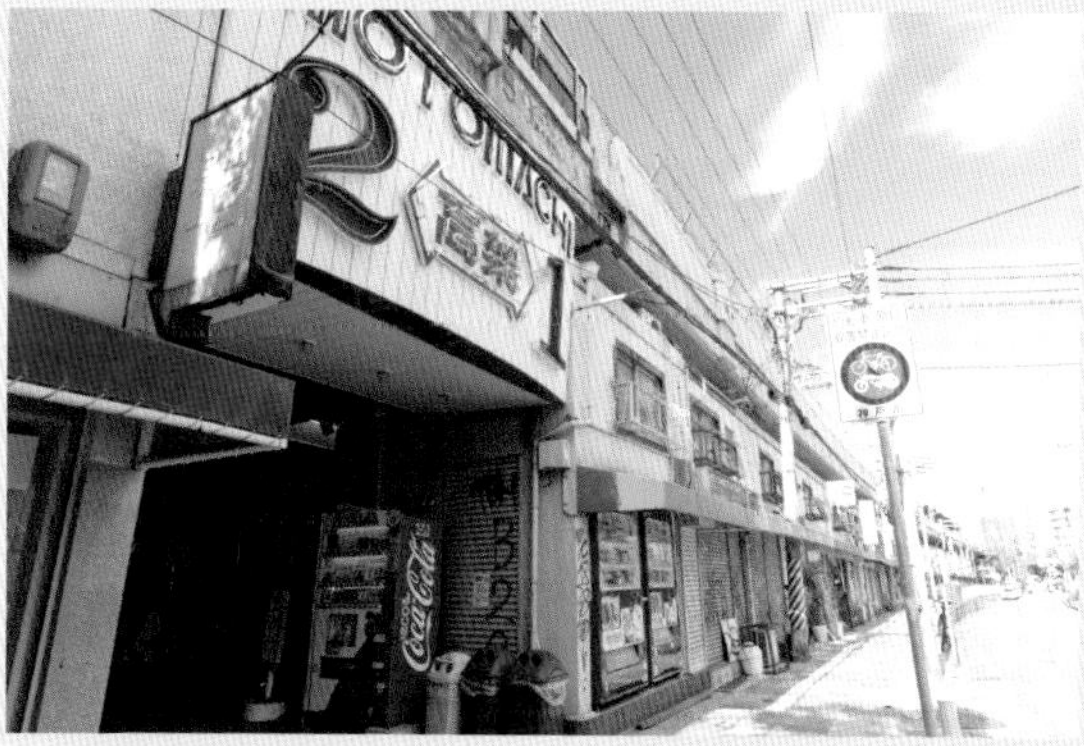

元町高架通商店街

JR元町駅と神戸駅間の高架下に伸びる商店街。通称「モトコー商店街」と呼ばれている。現在、リニューアルが進行中。

高速神戸駅の阪急と阪神

ホームに停車中の阪急電車（左）と阪神電車、高速神戸駅からはハーバーランドが近い。

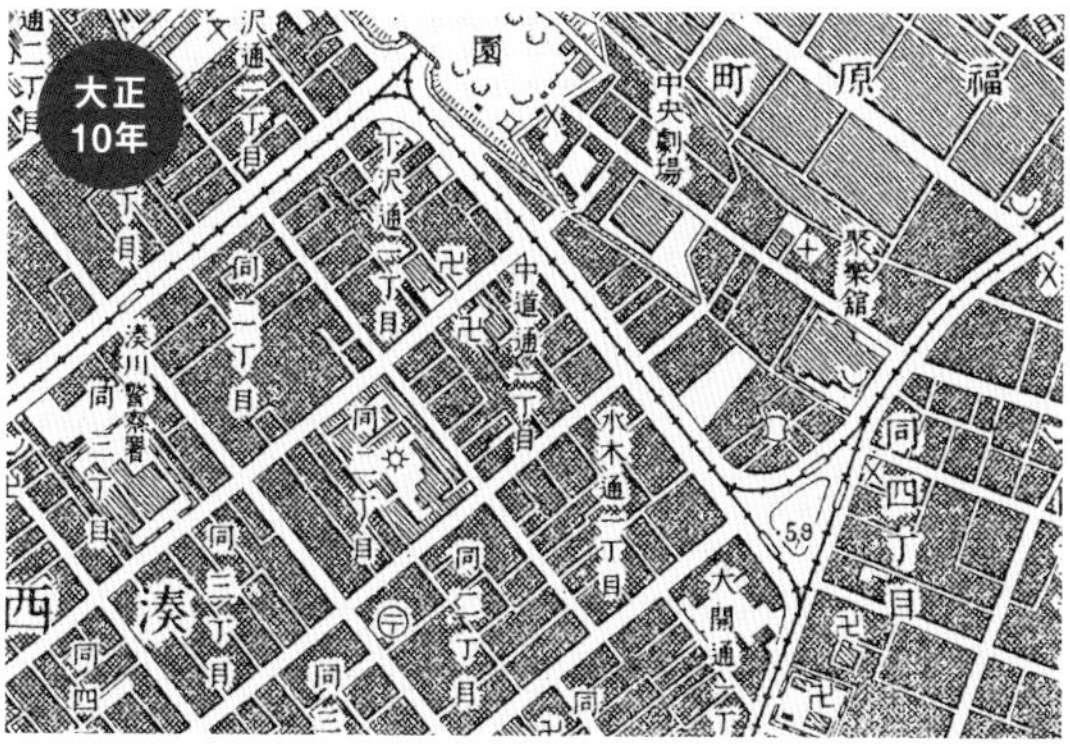

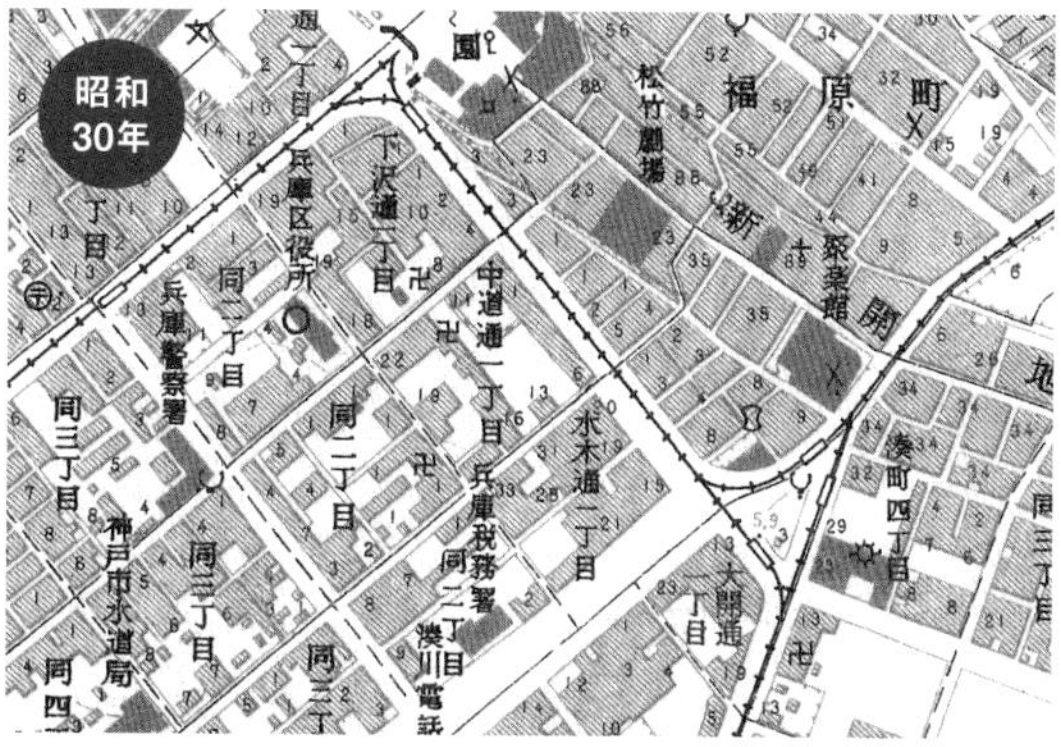

古地図探訪

新開地駅付近はかつて神戸一の興行街で、聚楽館などの劇場や映画館が建ち並んでいた。そして現在は姿を消してしまった、神戸市電の交通網が主役だったことが分かる。

想い出写真館 新開地界隈

昭和9年

新開地本通り
（提供：神戸市文書館）

戦前から1960年代にかけて、映画館、飲食店を中心に繁栄した神戸一の繁華街。当時人気の「びっくりぜんざい」の看板も見える写真奥に見えるのは初代の聚楽館。

昭和10年

新開地本通り
（提供：神戸市文書館）

和服姿も目立つ新開地本通り。「歓楽街」と言われるだけあって、人通りが絶えない。写真奥は改築後の聚楽館。

見どころスポット

神戸ハーバーランド

旧国鉄の湊川貨物駅や沿岸一帯の工場跡約23haを再開発。1992（平成4）年9月に開業した神戸市の観光スポット。複合商業施設・神戸モザイクなどがある。
神戸市中央区東川崎町1丁目　高速神戸駅から徒歩5分

メリケンパーク

かつてのメリケン波止場と神戸ポートタワーが建つ中突堤の間を埋めて造成された。神戸海洋博物館やホテルオークラも建ち、神戸港を代表する景観となっている。
神戸市中央区波止場町2-2　花隈駅から徒歩10分

昭和4年

湊川公園と神戸タワー
（提供：神戸市文書館）

神戸タワーは、1924（大正13）年に湊川公園内に建設された。東洋一の高さを誇り、浅草の凌雲閣、大阪の通天閣と並んで「日本の三大望楼」とも称された。

昭和50年

元町「花隈城跡」
（提供：神戸アーカイブ写真館）

花隈城は、摂津国八部花熊村（現・神戸市中央区花隈町）の元町駅西方にあった日本の城。別名「花熊城」「鼻隈城」とも言われる。現在は本丸跡が公園になっており、「花隈城跡」の石碑や模擬石垣や模擬天守台がある。

湊川神社

南北朝時代の名将・楠木正成公を祀る神社。墓所・殉節地を含む広い境内には正成公ゆかりの宝物殿や神能殿もある。

神戸市中央区多聞通3-1-1 高速神戸駅から徒歩2分

元町商店街

老舗が並ぶ古くからの神戸を代表する商店街。各店舗がオシャレなお店づくりに務め、清掃や緑化にも積極的に取り組んでいる。
神戸市中央区元町通　花隈駅から徒歩5分

阪神間グルメ

大阪や神戸、つまり阪神間にフラッと来たら、何を食べます？

食い倒れの街・大阪はたこ焼きなどの粉モノや串カツ、きつねうどんも外れなし。神戸はパンやケーキなどおしゃれなスイーツがあふれている。たまには神戸牛のステーキ！いわば何でもありの阪神間グルメ…。その代表選手をご紹介する。

いかなごのくぎ煮

春の風物詩「いかなごのくぎ煮」は兵庫県民のソウルフード。イカナゴの稚魚である新子を甘辛く煮る料理で、お土産にも喜ばれる。

串かつ

「安い・美味い・早い」がそろった大阪庶民の味。"立ち食い"の店が多いが、最近ではデート中に寄れるオシャレな店も多くなった。

コロッケ

何故か阪神間はコロッケが美味しい！芦屋のTホテルに泊まると、無料コロッケ引換券をくれる。それだけポピュラーな味なのだ。

たこ焼き

現在ではたこ焼きを取り扱うチェーン店ができるなど、日本全国で広く食べられているが、やっぱり、本場の味は違う！と言われる。

イカ焼き

イカの切り身を入れた生地と生卵を鉄板で挟み焼きにした大阪のソウルフード。イカと生地のモチモチ感、甘辛ソースが特徴。

お好み焼き

お好み焼きといえば「大阪」のイメージだが、神戸のお好み焼きも関西では有名！穴場の西宮・芦屋・尼崎にも人気店がそろっている。

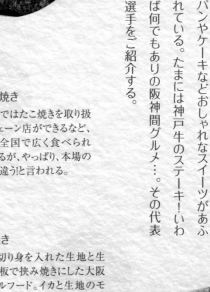

神戸牛ステーキ

高級牛の代名詞として、日本全国にその名声が広まっている神戸牛。鉄板で焼いて、塩・こしょうだけか、お好みのソースでどうぞ。

きつねうどん

"きつねうどん"は商人の街、大阪が発祥地。切り口が丸くモチモチした食感に、こだわりのお揚げさんがデーンと乗っている。

ケーキ

神戸には全国的に有名なスイーツの本店が多数。ケーキの種類が多いのも神戸っ子の自慢なのだ。ケーキ店巡りをする人もいる。

そばめし

長田区発祥のB級グルメ"そばめし"は、焼きそばとご飯を炒めたソース味の焼飯。店独特のオリジナルソースで仕上げてくれる。

明石焼き

神戸を訪れたら本場の「明石焼き」をぜひ！地元では"玉子焼"とも呼ぶ人も多い。起源は天保年間まで遡るほど歴史があるという。

豚まん

グルメの街・大阪では、粉モノと同じぐらい人気。神戸の豚まんも中華街の南京町に専門店が建ち並びほどで、観光客が並んでいる。

パン

開港以来、外国人が多く住む神戸には、本格的なベーカリーが多く、パン屋さんがしのぎを削る激戦区。個性ある味が楽しめる。

稲野・新伊丹
いなの・しんいたみ

神戸線・伊丹線

稲野住宅に続いて新伊丹住宅と、住宅地開発と共に駅が開設される。

稲野駅
（撮影：荻原二郎）

まるで住宅のような佇まいは当時の稲野駅。駅前には売店が出ている。その奥には電話ボックスも設置されている。

稲野駅 稲野駅は相対式ホームを有しており、改札口はいずれもホームの塚口寄り（南）に設けられている。写真右は稲野駅に到着する3000系の電車。

平安時代の歌集に詠まれ、摂津名所図会でも紹介された〝猪名野笹原〟。笹が中心の広大な草原は、伊丹台地一面に広がっていたという。まさに当時の伊丹の風景の代名詞だった。

そして1889（明治22）年の町村制施行に際して、猪名野笹原から稲野村が誕生。その玄関口となる阪急電鉄の稲野駅が誕生したのは、1921（大正10）年5月。阪急電鉄は4年後に駅の西南に2万2千坪の住宅地を造成して販売する。

この稲野住宅は、阪急電鉄の伊丹における初めての本格的な住宅地経営でもあった。これをきっかけとして稲野周辺は発展して行く。

伊丹線の駅は当初、伊丹駅と稲野駅として開設した伊丹口駅の2か所の予定だった。しかし、阪急電鉄は「新伊丹住宅」を売り出す計画を持ち、1935（昭和10）年、稲野駅と伊丹駅の間に新伊丹駅を開設した。これにより住宅地の販売はさらに順調に進む。当時、「勤めは阪神、住居は伊丹」というキャッチフレーズが生まれたほどだ。

やがて伊丹に住宅ブームが到来。沿線人口も増加して行き、単線だった伊丹線も、昭和18年には複線化された。

新伊丹ホーム
（提供：市立伊丹ミュージアム）

ホームの長いベンチで電車の到着を待つ人々。小さなポスターの広告が並んでいるのも、当時の様子をうかがわせる。

新伊丹駅

新伊丹駅も稲野駅と同じ地上駅で、相対式ホームが向き合っている。改札口は稲野駅と反対で伊丹寄り（北）にある。

見どころスポット

御願塚古墳

御願塚古墳は、稲野駅の西側にある。ほぼ造営当時の原型を留めた帆立貝式古墳で、5世紀の豪族の墳墓と言われている。兵庫県史跡指定文化財。
伊丹市稲野御願塚4-10-11
稲野駅から5分

稲野公園

スポーツ施設が充実した公園。特に人気があるのが自転車広場。一輪車、タイヤが大きな自転車、3輪の自転車、手で漕ぐ自転車など変形自転車が勢揃いしている。
伊丹市稲野町2-3-2　稲野駅から徒歩5分

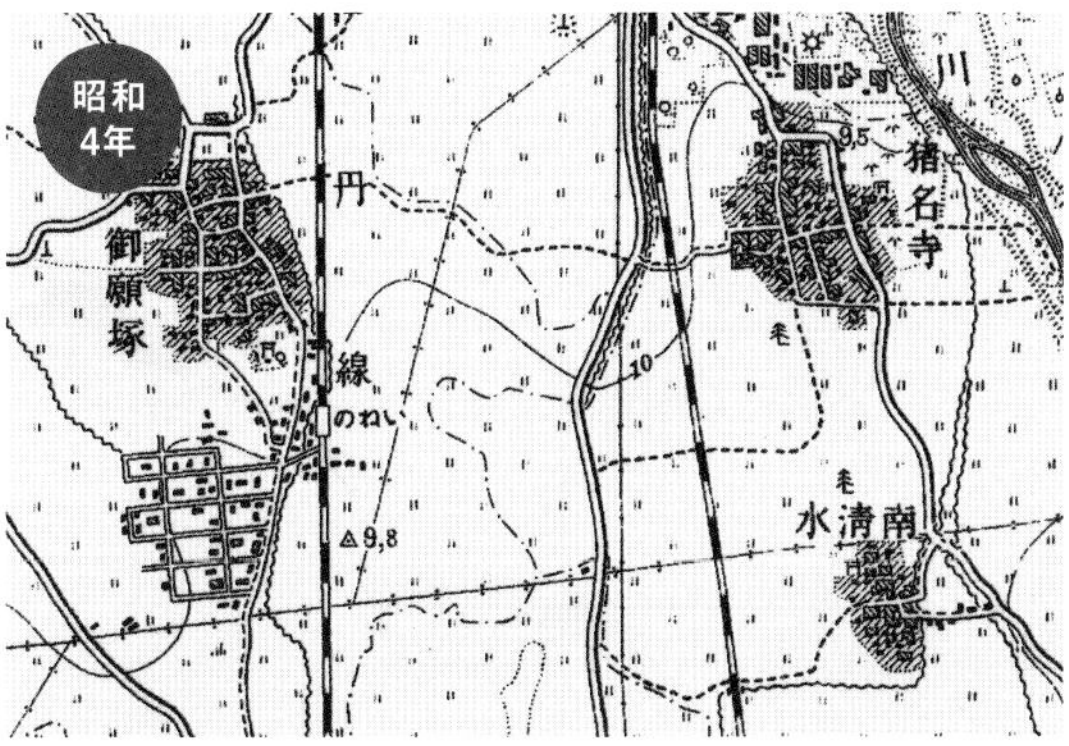

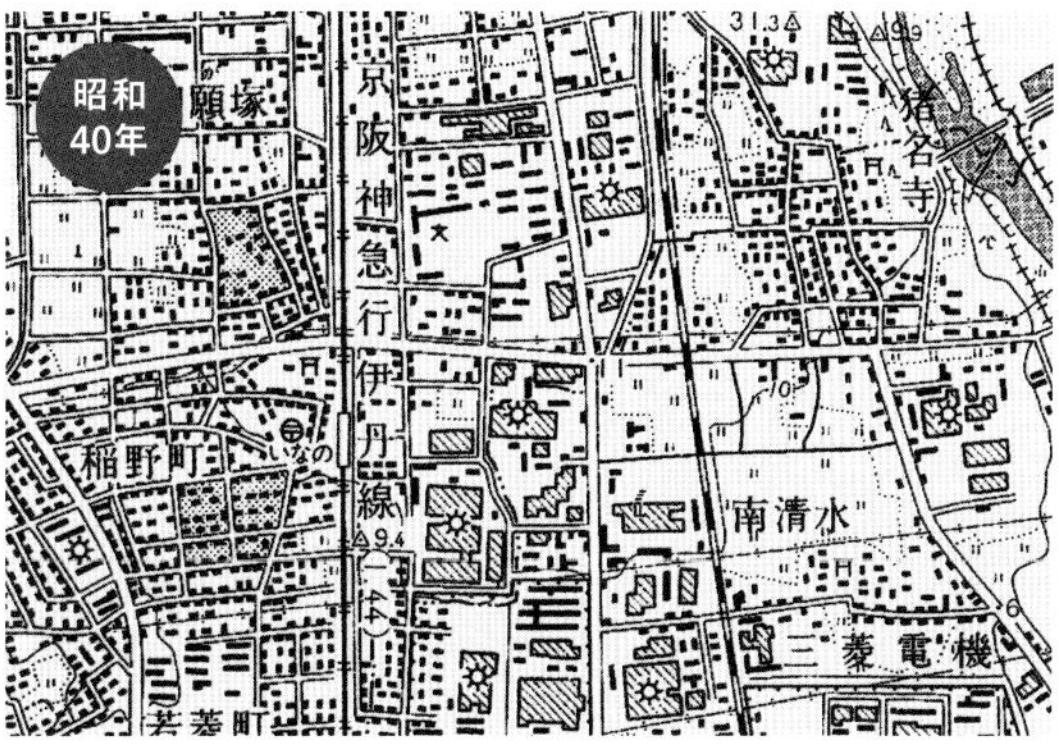

古地図探訪

1965（昭和40）年当時の地図には、京阪神急行伊丹線の「いなの」と記されている。稲野町の大半は阪急電鉄が伊丹線の開業に合わせ、住宅地として分譲した土地である。

伊丹《いたみ》

伊丹線

酒蔵通り地区が景観美を復活させ、伊丹市の新庁舎も令和4年に完成

伊丹駅（撮影：荻原二郎）

伊丹駅は、昭和43年まで地上駅で、同年に高架駅に移るが、この写真は高架駅移転の2年前に撮された。

昭和初期の伊丹駅
（提供：市立伊丹ミュージアム）

1920（大正9）年7月に建てられた阪急伊丹駅。ホームは1面2線で、改札口は北向きの市道に面していた。

伊丹駅

かつての駅舎は阪神・淡路大震災で倒壊。その後約4年かけて復興、駅ビルの中にホームがある現在の駅に。

国際空港と阪神間のベッドタウンで有名な伊丹は、江戸時代から「酒のまち」として繁栄、文人墨客が訪れる文化の薫りがする町で知られた。

その往時の面影を残していたのが旧伊丹郷町だったが、1995（平成7）年の阪神・淡路大震災で大半が消滅する。しかし伊丹市では、現在、伊丹の歴史的な魅力を復活させようという取り組みを活発化させている。

同じく大震災で被災した阪急伊丹駅は一足早く、新時代にふさわしい駅舎を完成させ、伊丹市繁栄のシンボルになっている。

駅の開業は、1920（大正9）年7月。当初は単線で途中の駅もなく、田園風景の中に線路が延び、ホームから塚口駅がよく見えたという。

その後、阪急電鉄が住宅地を造成。人口増加も伴って、稲野駅に次いで、新伊丹駅も開業。以来、環境のよい住宅地として順調に発展して来た。

現在、その一つの象徴と言えるのが、阪急伊丹駅とJR伊丹駅の間にある伊丹郷町界隈の酒蔵通り地区だ。残された伝統的な酒蔵や社寺、伝統的町家の景観を活かすストリートを創出。平成20年度「美しいまちなみ優秀賞」を受賞している。隈研吾氏設計の新しい市庁舎も、2022（令和4）年11月に完成した。

移転した伊丹駅コンコース（提供：市立伊丹ミュージアム）

旧日本生命グラウンド跡地に出来た新駅は2面3線の高架駅。写真はその新しい伊丹駅のコンコース。

伊丹駅（提供：市立伊丹ミュージアム）

昭和30年代に撮された地上時代の伊丹駅駅舎。約10数年後にこの駅の西北200mのところに高架駅が出来る。

かつての「伊丹空港」（提供：上野又勇 ）

伊丹のシンボル「伊丹空港」。正式名称は「大阪国際空港」だが、通称の「伊丹空港」で親しまれている。

移転後閉鎖された旧伊丹駅（提供：市立伊丹ミュージアム）

「11月9日初電より新駅（西方約100m）に移転しました…」と謹告の紙が貼られた旧駅舎改札口。

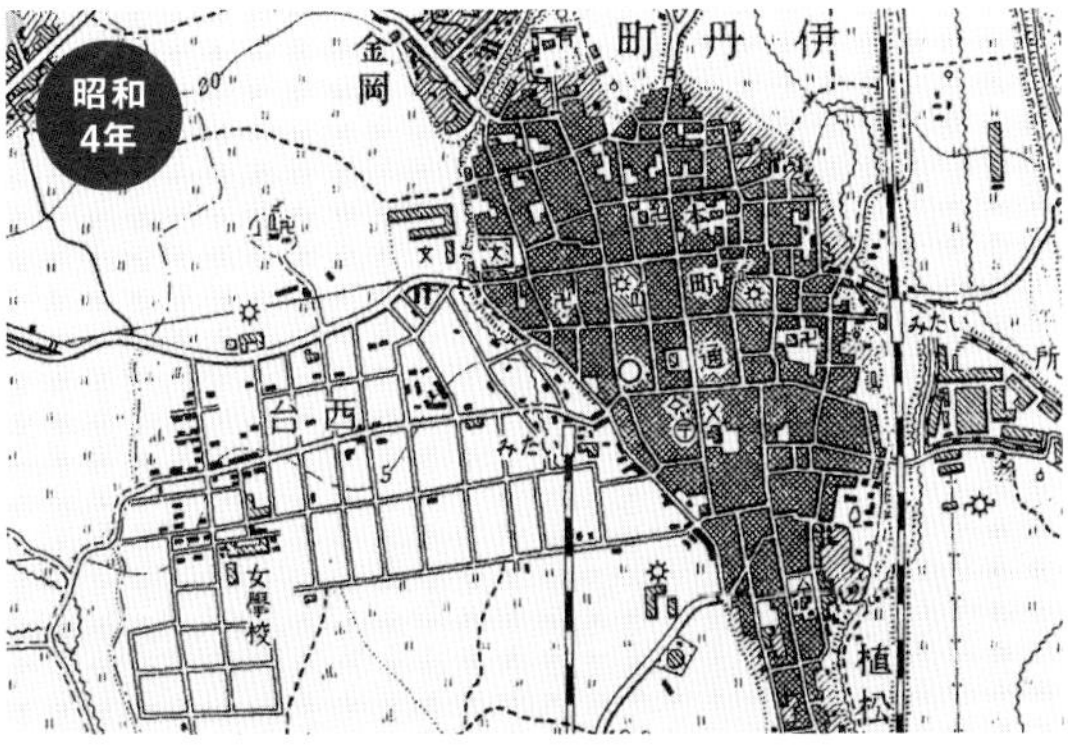

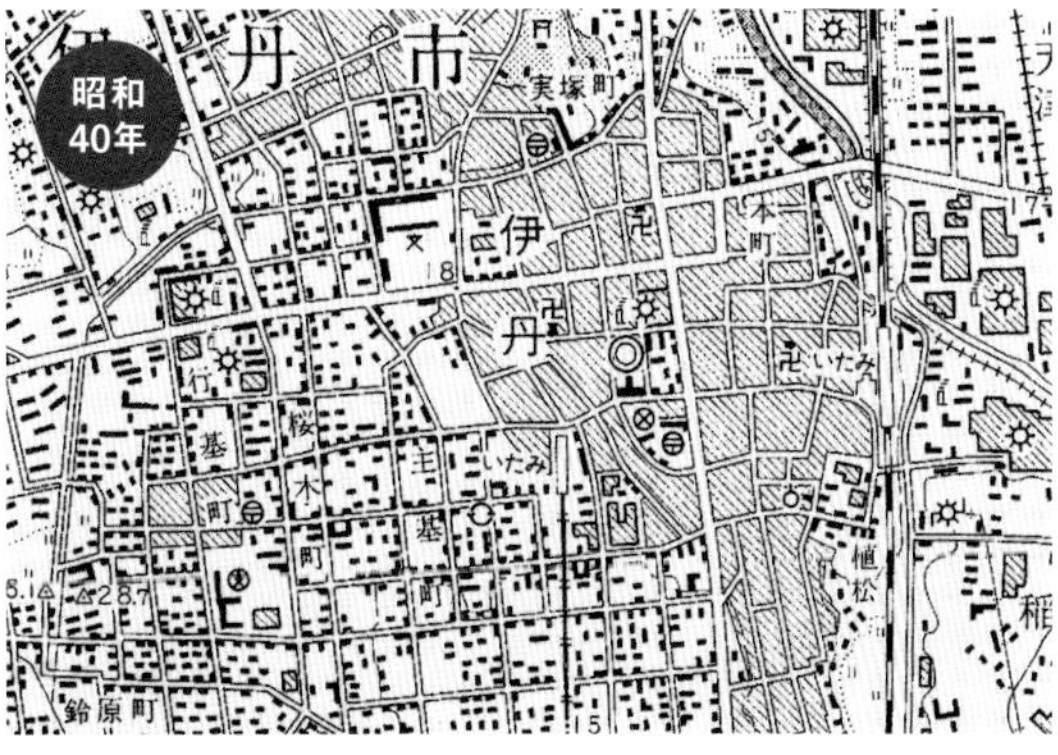

古地図探訪

以前の伊丹駅は今より約150m南東にあったが、1968（昭和43）年の高架化により現在地に移転した。ここから約600m離れた東側にはJR福知山線の伊丹駅が存在する。

伊丹文化が息づく

伊丹郷町界隈

伊丹市では阪神大震災後の平成元年頃から、かつての伊丹らしさを取り戻そうと、懐かしい景観美の街づくりが行われている。その中心が伊丹郷町界隈だ。東西に伸びる伊丹酒蔵通り周辺には、江戸時代、酒造業で栄えた歴史的な資源が再現されている。

伊丹酒蔵通り

伊丹郷町を東西に結ぶ歩行者空間で、長寿蔵（酒蔵を利用したレストラン）、大溝（江戸時代の石組排水溝を再現したもの）、本泉寺、有岡城跡など伊丹を特徴づける 歴史的資源が残っている。

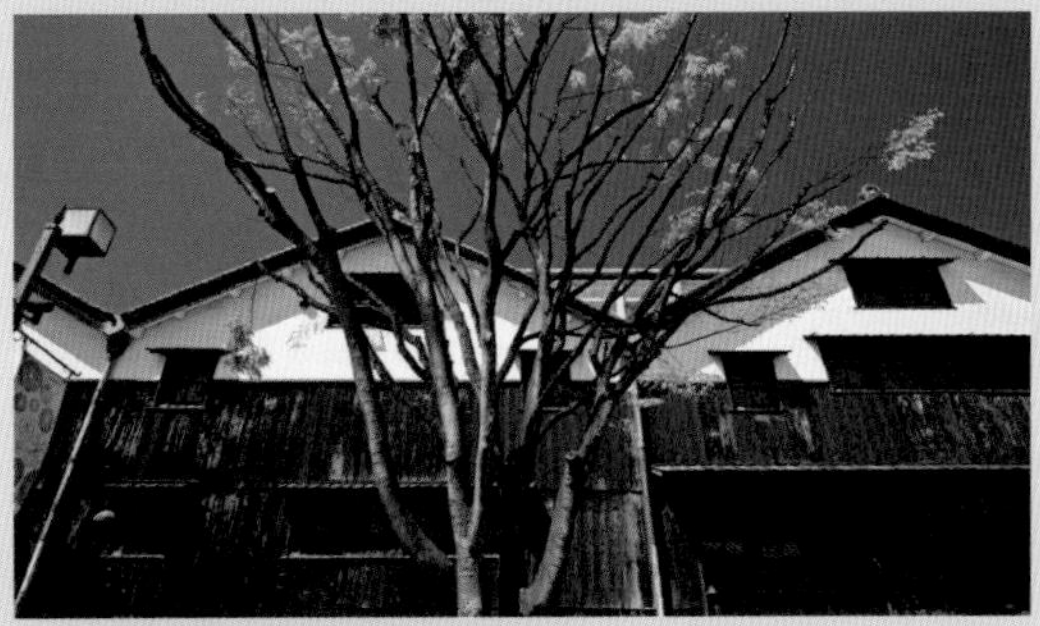

白雪ブルワリービレッジ長寿蔵

小西酒造が運営する日本酒とビールのアミューズメント施設。江戸時代建築の酒蔵を再生利用している。日本酒やビールと相性のよい料理が揃うレストランが人気。

2階のミュージアム

館内の2階には、江戸時代の酒造りを再現したミュージアムもある。

市立伊丹ミュージアム

伊丹の文化ゾーンにあった市立美術館・市立工芸センター・市立伊丹郷町館・柿衛文庫などの老朽化に伴い、博物館の機能移転も含めて大規模改修工事を実施。2022（令和4）年4月に「市立伊丹ミュージアム」としてリニューアルオープンした。

白洲屋敷跡

伊丹緑地（通称:伊丹緑道）内に案内碑が設置されている。白洲屋敷は、白洲次郎の父・文平が4万坪の敷地に建設。敷地内には美術館や牡丹園もあった。当時は猪名野神社以北、旧西国街道まで畑や林が広がり、現在のバス通りは文平が造って寄付したものだという。

猪名野神社

江戸時代の伊丹郷町の氏神様。神仏分離令により猪名野神社と改称。境内には、酒造家や豪商が寄進した石灯篭が並ぶ。祭礼や境内の巨木（ムクロジ）などは市指定文化財。

旧岡田家酒蔵・旧石橋家住宅

旧岡田家酒蔵は、元伊丹市長・岡田利兵衛氏の旧宅。築年代が確実な現存する酒蔵としては日本最古の建物（店舗と酒蔵は国重要文化財指定）。隣の旧石橋家住宅は、江戸時代後期築の町家。商家の造りがよく保存されている。

伊丹市立図書館「ことば蔵」

誰もが気軽に訪れて交流できる「公園のような図書館」が基本コンセプト。約37万冊の本などを所蔵。市民のアイデアを取り入れた多彩なイベントを開催している。

見どころスポット

伊丹スカイパーク

滑走路のすぐ横の公園。滑走・離陸する飛行機を間近で見られる。軽食を食べるウッドデッキもある。

伊丹市森本7-1-1
9～21時（4～10月の土・日曜、祝日は7時～）
無休 無料
伊丹駅からバスで伊丹スカイパーク下車

大阪国際空港

関西国際空港開港前は名実ともに国際空港であったが、現在は国内線用の空港として運用されている。近隣の関西国際空港、神戸空港とともに関西三空港の一つ。

豊中市蛍池西町3-555
大阪モノレール・大阪空港駅すぐ

昆陽池公園

水と緑豊かな伊丹市民のオアシス。都市部では珍しい渡り鳥の飛来地で、野鳥の観察も楽しめる。池のほとりの芝生でくつろぐ家族連れの姿も目立つ。

伊丹市宮ノ前2-5-20
伊丹駅からバスで「松ヶ丘」下車

荒牧バラ公園

春と秋、園内では世界のバラ約250種類1万本が色とりどりに咲き誇る。3本柱からなる平和モニュメントが有名。見ごろは5月中旬～6月中旬と10月中旬～11月中旬。

伊丹市荒牧6-5
伊丹駅からバスで荒牧バラ園下車

今津・阪神国道
いまづ・はんしんこくどう
今津線

しゃれた駅ビルの今津駅と対照的な国道をまたぐ高架駅の阪神国道駅

今津駅
（提供：西宮市）

今津線の西宮北口〜今津駅間の延伸に伴い、阪神と阪急の接続駅として開設された今津駅。現在の駅舎からは想像が出来ないほどこぢんまりした素朴な駅だった。

今津駅

1998（平成10）年に白とグレーのタイル張りという瀟洒な3階建ての駅ビルになった。ホームが3階で、2階が改札口になっている。阪神今津駅とも連絡している。

阪神国道駅
（提供：西宮市）

今津線は国道2号線とJR神戸線をまたぐ位置にあるので、開業当初から高架駅であった。駅名通り、すぐ南側で阪神国道（国道2号）と交差している。

阪神国道駅

改札口は国道2号線に面した今津寄りの1ヶ所。バリアフリー化でエレベーターも設置され、最新の駅に見劣りしないが、1階にレトロな雰囲気も残っている。

今津線・西宮北口〜今津間の開通は西宮北口〜宝塚間（西宝線）開通の5年後、1926（大正15）年12月18日だ。当初は今津港まで延長する計画があったためか、現在より少し北の仮駅舎で営業していた。

しかし、1928（昭和3）年4月に、阪神電鉄と隣接する現在地に移設した。地名の今津は、今が「新しい」、津は「港」、合わせて「新しい港」という意味だった。

かつては小さな駅からスタートしたが、1998（平成10）年、現在の3階建て駅ビルに建て替えられた。ホームは3階で、改札口は2階にあり、阪神今津駅と連絡している。

今津線開業と同時に、現・国道2号が幹線道路として竣工。翌年、この国道沿いに「阪神国道駅」が開業した。当時、この国道は「阪神国道」と呼ばれていたため、そのままの駅名が付けられた。

駅舎は国道をまたいで設置した高架式であった。用地確保の都合もあり、相対式のホームは幅が狭く、待合室も他の駅に比べてコンパクトにつくられ、これは現在も変わらない。

駅はこぢんまりとした佇まいだが、高架下の改札口を出ると、車が激しく行き交う国道2号が目の前に迫り、初めて降りる客は驚かされる。

懐かしの阪神国道線

かつて走っていた阪神電車軌道線の路面電車（通称、国道線）。並走する三輪トラックも懐かしい昭和の風景だ。その後のモータリゼーションの波を受け廃線になった。

今津駅付近（提供：西宮市）

まだ高架になる前の今津駅付近。今津～阪神国道駅間は700m強の近さで、肉眼で互いの駅ホームが確認出来た。写真奥に高架駅から坂を下りて来る電車が見える。

今津線の下は阪神国道

阪神国道駅下は阪神間を貫く阪神国道線が走っていた。国道線が全廃になるのは、この写真を撮影した5年後の1975（昭和50）年5月だから、貴重な1枚でもある。

今津駅に停車する6000系

1998年10月から今津線は甲陽線と共にワンマン運転が開始され、これに対応する車両として6000系を改良、5両編成も誕生した。停車中の電車がそれに当たる。

見どころスポット

松原神社（松原天満宮）

学問学芸成就の神様である天神様、菅原道真公を祀っている。末社も多い境内には、筆塚や縁の木（エノキ）、夫婦和合の夫婦久寿（クス）などの大木が並んでいる。
西宮市松原町2-26
阪神国道駅から徒歩15分

今津小学校六角堂

1882（明治15）年に今津小学校校舎として建てられた。
正面に六角形に見えるバルコニーを配したモダンな様式で、この形から六角堂と呼ばれる。一般見学も可。
西宮市今津二葉町4-10
今津駅から徒歩5分

今津灯台

1810（文化7）年に建設された日本最古の灯台。古い行灯式だが現役の航路標識として使われており、今津の酒造会社「大関」が運営している。西宮市指定文化財。
西宮市今津西浜町17
阪神電鉄久寿川駅から徒歩15分

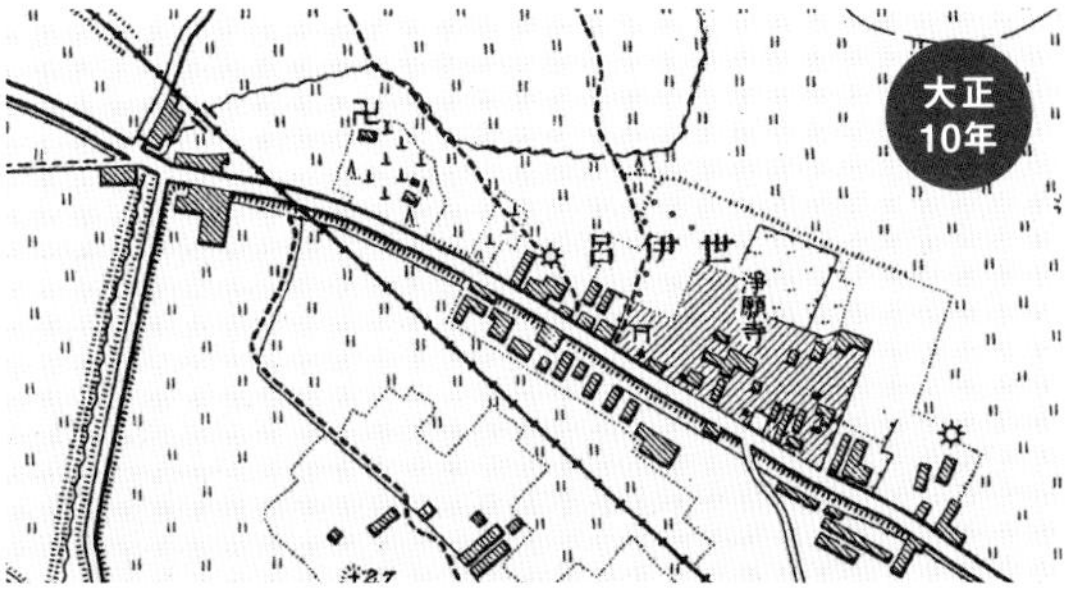

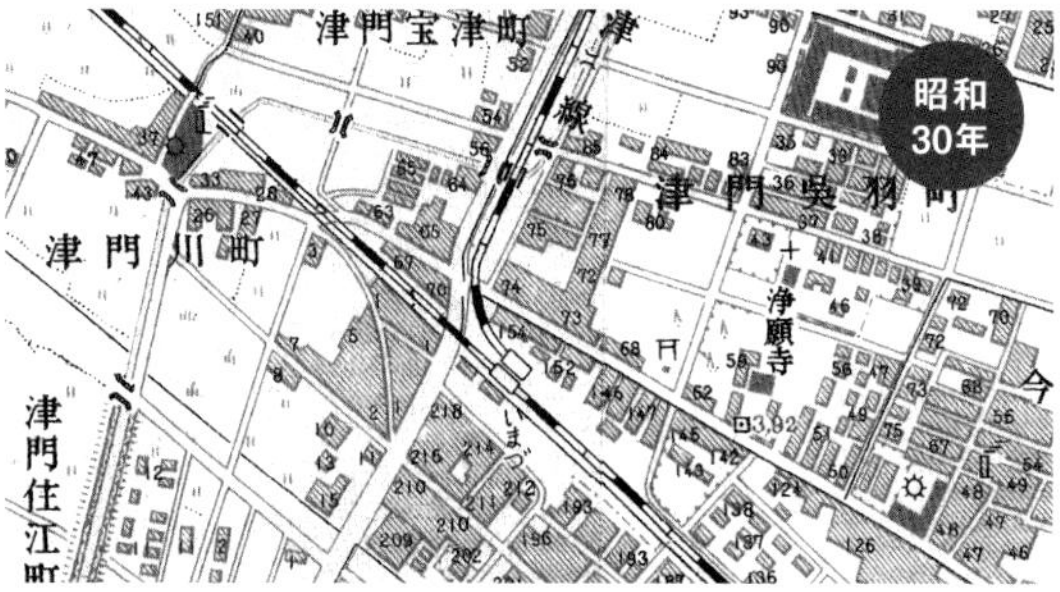

古地図探訪

今津駅は1926（大正15）年12月の開業なので大正10年の地図には載っていない。また昭和30年当時は南北に並んでいた駅は高架化に伴い、現在逆T字型に配置されている。

門戸厄神
もんどやくじん

今津線

門戸厄神・東光寺への最寄り駅 白洲次郎氏との縁がある神戸女学院

門戸厄神駅（提供：西宮市）

近くに神戸女学院があるため、女子学生が目立つのもこの駅の特徴。この季節は受験生が多いためか、改札口には「学生専用出口」の案内が掲げられている。

駅近くを走る電車（提供：西宮市）

今津線は六甲山地東麓を走る路線で、沿線には住宅地が広がっている。門戸厄神駅近くも例外ではなく、直線を走る電車の車窓からの眺めはのどかな風景だ。

門戸厄神駅は、その名の通り、門戸厄神・東光寺への最寄り駅になっている。1921（大正10）年9月、西宮北口駅～宝塚駅間を結ぶ、西宝線の開業と同時に開設された。

〝厄神さん〟で親しまれる東光寺は、あらゆる厄災を払う「厄神明王」を祀っていることで知られる。歴史も古く、江戸時代以前から旧西国街道を通り、厄除け詣りの人たちがやって来たと伝わる。境内には、大厄の年にちなんで42段の男厄坂と、33段の女厄坂があり、段を上がることで厄を落として行くという慣わしがある。このため例年の初詣や1月18、19日に営まれる「厄除け大祭」には多くの人が訪れる。年4回開かれる〝であい市〟も人気だ。

近くには神戸女学院がある。興味深いのは、この女学院の創立に、伊丹編でも紹介した白洲家が深く関わっていることだ。同院のホームページには、次郎氏の祖父で実業家（儒学者でもある）の白洲退蔵氏が、学院の草創期である私塾時代に自宅横の所有地を寄付したり、後に自宅を寄宿舎に提供するなどの記述がある。骨太なダンディズムを持つ男として女性に大人気の次郎氏の魅力は、父・文平氏だけでなく、祖父・退蔵氏からも譲り受けられたものらしい。

ホームの電車（撮影：荻原二郎）

昔も今も、厄神さんへのお詣りのためになくてはならない今津線。この当時は、310形の中間に古参の1形を挟んで3両編成で運行されていた。

門戸厄神駅

門戸厄神の最寄り駅ということで、大勢の参拝客のために改札口はやや広めになっている。大祭の時には臨時の改札口も使われる。

見どころスポット

門戸厄神東光寺

「厄神さん」で親しまれる松泰山東光寺は、あらゆる災厄を打ち払う御利益で有名。厄年の人が厄払いするほか、十三詣り学業成就を願うために詣でる人も多い。
西宮市門戸西町2-26 門戸厄神駅から徒歩15分。

神戸女学院岡田キャンパス

1933（昭和8）年に神戸山本通から西宮の岡田山に移転して来た神戸女学院。キャンパスは阪神モダニズムを代表する建物としても紹介されている。

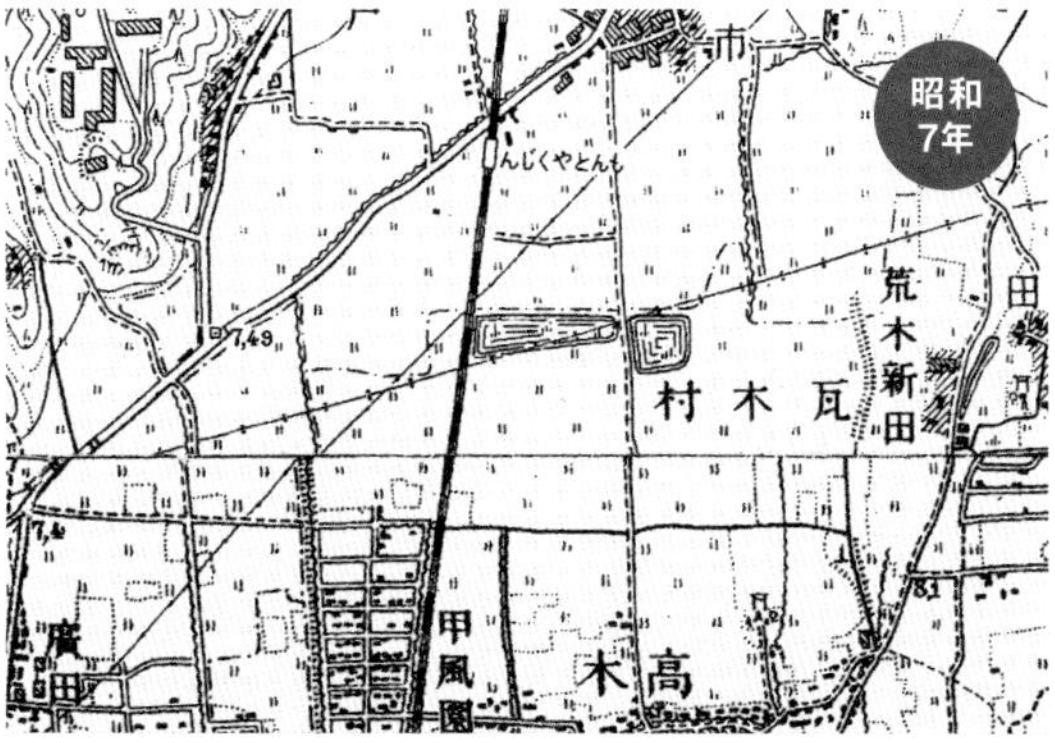

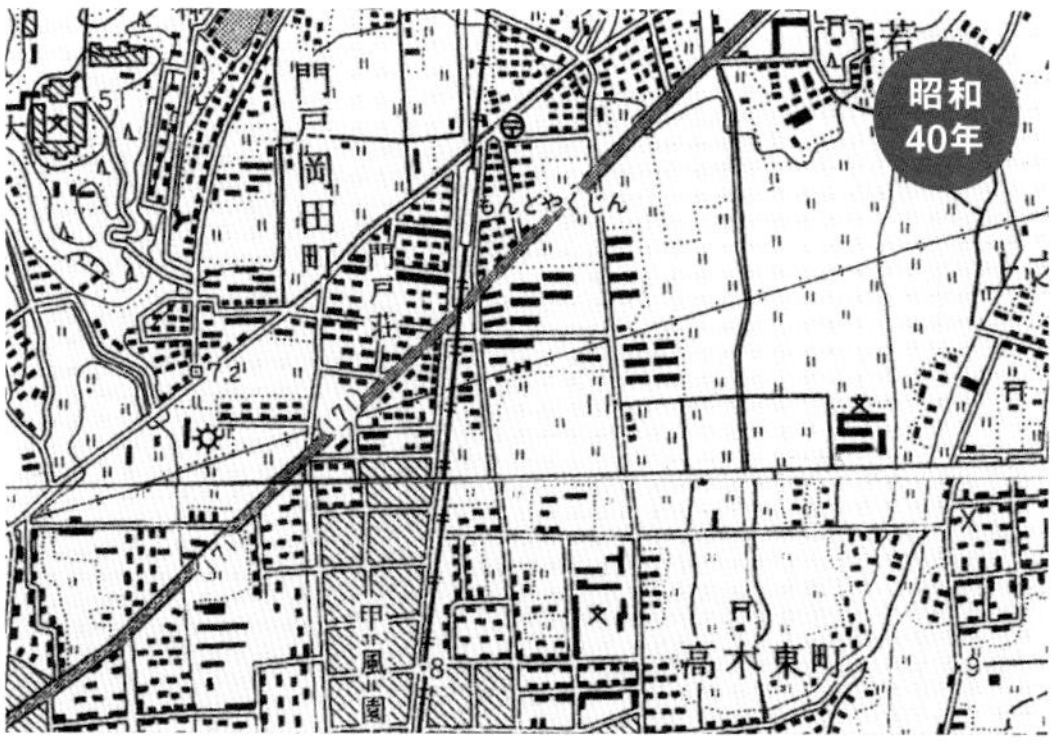

古地図探訪

門戸厄神駅は、1921（大正10）年9月、西宝（現・今津）線の開通時に開業した。文字通り門戸厄神東光寺の門前駅だ。西側には複数の大学や高校がり、学生の乗降客も多い。

甲東園・仁川
こうとうえん・にがわ

今津線

田園地帯にキャンパスが誘致され一変 緑の恩恵に浴す仁川はハイカーに人気

甲東園駅（提供：西宮市）

甲東園駅は、平成10年に駅舎が橋上化されたが、この頃はまだ地上駅だった。駅前に駐車しているバスや車の形もレトロな雰囲気。

甲東園駅

橋上化された甲東園駅。道路をまたいで隣りの建物につながっている。改札口は一か所だが西口（写真）と反対側の東口に出られる。

甲東園付近を走る阪急電車（提供：西宮市）

写真は甲東園付近を走る阪急2000系電車。この車両は、1960年から神戸線・宝塚線（神宝線）用として製造された通勤形電車である。

関学生で賑わう甲東園駅は、西宝線（西宮北口～宝塚南口間）が開通した翌年、1922（大正11）年に、阪急電鉄による沿線で初めての住宅地経営に合わせて開設された。

そして1929（昭和4）年に、阪急電鉄の誘致により、甲東園駅から約1キロメートル西に関西学院大学が移転して来た。当時はまだのどかな田園地帯だったところに、突然、時計台がそびえるミッションスタイルの広大なキャンパスが出現したのだから、周辺の人は驚いたはずだ。

もともとは「甲東村」という地名で、この地に大阪の芝川又右衛門が大きな果樹園を開き、これが「甲東園」と呼ばれ、駅名もここから来ている。

隣駅の仁川駅は、すぐそばの阪神競馬場へ向かう人々、西側高台の住宅街に住む人たち、ピクニックロードを抜けて仁川渓谷へ行くハイカーなど、さまざま客層が利用する。

五ケ池を中心とする仁川の西部一帯は、大正末期まで松茸山として知られていたが、この地に阪急電鉄が「仁川ピクニックセンター」を開設。以来、キャンプ村や自然教室などができて賑わった。その後、仁川ピクニックセンターはなくなったが、現在でも自然の多い西部一帯は人気のウォーキングコースになっている。

航空写真関学付近（提供：西宮市）

写真下中央が関西学院のキャンパス。周辺は1951年から宅地開発が行われており、整然と一戸建てが並ぶ住宅街が形成されている。

甲東園駅前関学行きバス（提供：西宮市）

関西学院の最寄り駅だけに、駅前に関西学院前行きのバスが。ただしこのバスは平日の関西学院大学登校日に限り運行されている。

仁川駅前（提供：宝塚私立中央図書館）

1996（平成8）年頃の仁川駅前風景。この頃、駅のそばに池田で創業し、仁川でも古くから親しまれてきた和菓子の名店・香月があった。

仁川駅

現在の仁川駅。改札口は東西の2か所に設置されており、メインとなるのは、写真の東改札口。競馬方面への出口である。

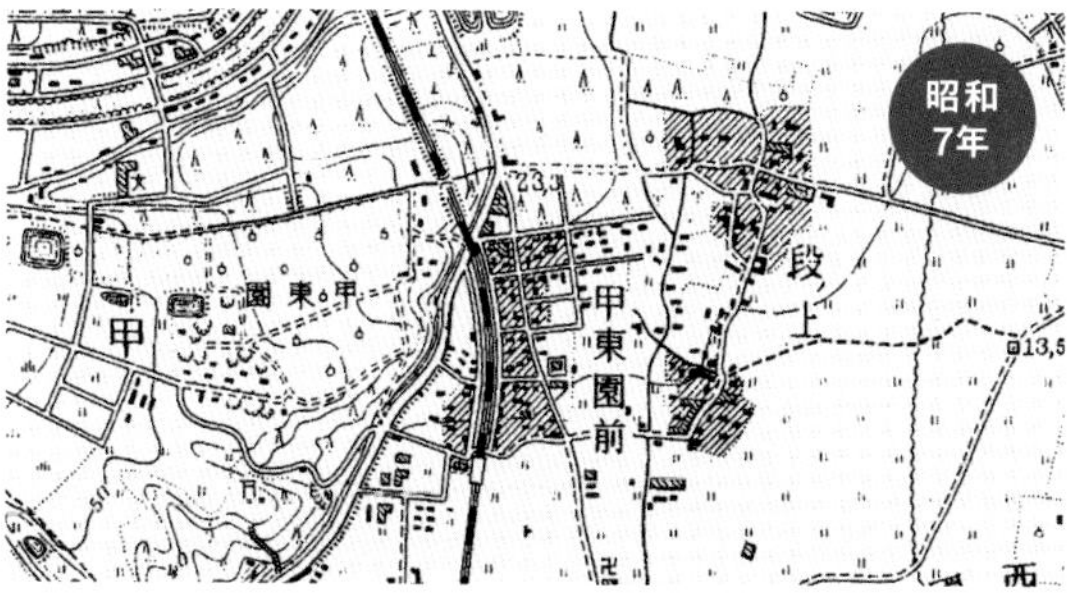

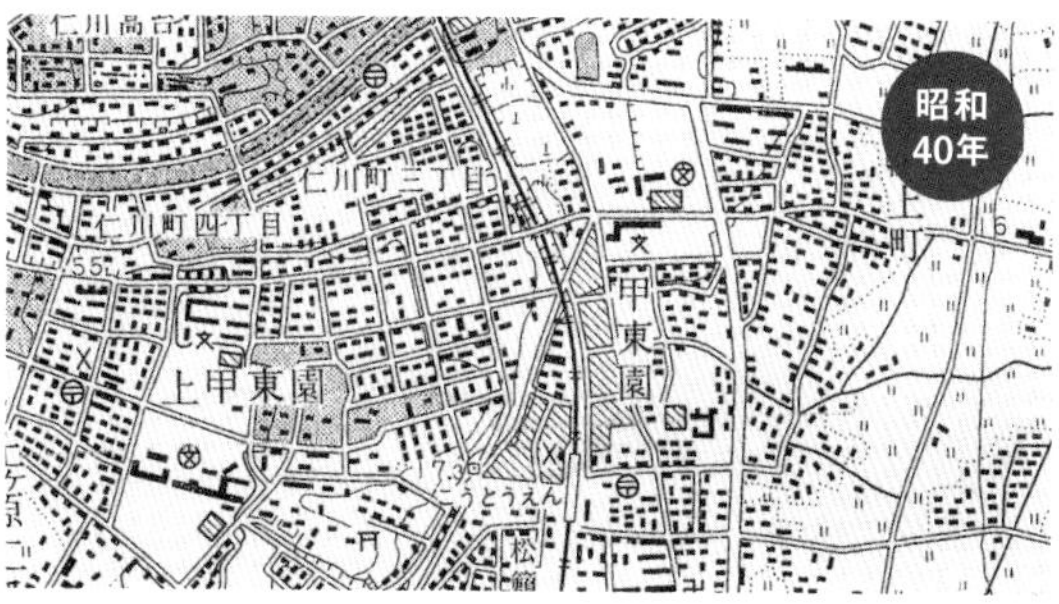

古地図探訪

甲東園駅は1922（大正11）年6月の開業で、仁川駅は翌年の12月に開業した。西宮北西部に広がる甲山の東に当たることから「甲東」と名付けられた。西宮七園の一つだ。

仁川ピクニックセンター（提供：西宮市）

昭和26年に阪急電鉄が開発した「仁川ピクニックセンター」。30年代頃には訪れるハイカーは年間およそ50万にものぼったが、その後レジャーの多様化で来山者数は減少する。しかし、40年代後半にはまた自然回帰ブームで脚光を浴びた。

ハイカーに人気の仁川（提供：上野又勇）

六甲山系に発する仁川は、武庫川水系の比較的短い河川にもかかわらず、渓谷あり、川原ありと起伏に富み、市街地から気軽にハイキングに行ける行楽地として人気があった。

見どころスポット

兵庫県立美術館西宮頴川分館（旧頴川美術館）

大阪の銀行家が収集した日本・中国の古美術品の数々で、室町水墨、近世南画など絵画を中心に、茶道具、中国陶器の逸品などがある。

西宮市上甲東園1-10-40　甲東園駅から徒歩3分

関西学院上ヶ原キャンパス

8つの学部が集まる関学上ケ原キャンパス。

建物は赤い瓦屋根とクリーム色の外壁を特徴とする関西学院独特の建築様式「スパニッシュ・ミッション・スタイル」で統一されている。

仁川緑地から甲山（提供：西宮市）

甲山の裾に広がる緑地は、かつては仁川ピクニックセンターとして賑わった場所。この跡地を2003（平成15）年に開発した阪急が西宮市に寄贈し、現在は仁川広河原など自然の地形を活かした憩いの場が広がっている。

阪神競馬場（提供：上野又勇）

宝塚市（一部西宮市）にある中央競馬の競馬場である。仁川駅が最寄り駅なので「仁川競馬場」とも呼ばれる。土日には乗馬体験も出来、公園地区は平日に曜日を決めて開放される。

阪神競馬場（仁川競馬場）

競馬観戦の施設以外にも、噴水広場やポニーリンク、イベントステージ、キッズガーデンなど様々な施設があり家族連れで楽しめる。
宝塚市駒の町1-1
仁川駅から徒歩約5分

仁川百合野町地すべり資料館

阪神・淡路大震災で地すべりが発生、仁川百合野町で多数の犠牲者が出た。防災対策の仕組みなどを学べる施設として災害現場の一角に開館した資料館。
西宮市仁川百合野町10-1
仁川駅からバスで関西学院前下車、徒歩15分。

小林・逆瀬川

おばやし・さかせがわ

今津線

聖心女子学院生で華やぐ小林駅 ベッドタウンの中心に逆瀬川駅

小林駅
（提供：宝塚市立中央図書館）

1977（昭和52）年に新築された小林駅。ホームは南側のブリッジで連絡している。線路とホームをまたぐ一般用の歩道橋もある。

逆瀬川駅
（提供：宝塚市立中央図書館）

逆瀬川駅は、1987（昭和62）年に駅ビルと一体化した橋上駅舎が竣工したが、写真は建て替えられる前の逆瀬川駅。

逆瀬川駅

3階建ての駅ビルになった逆瀬川駅。2階の改札口を出ると、西口にバスターミナル、東口にはショッピング施設「アピア」がある。

小林駅

西宮北口方面のホーム側の地上部に立地する駅舎（東口）は現在も変わらない。もう一ヶ所、跨線橋上に自動改札機のみの西口もある。

駅名を初めて見る人には「こばやし」と読まれることが多いが、正しくは「おばやし」。1921（大正10）年、西宝線（西宮北口～宝塚）が開通した当初から存在する。1977（昭和52）年に駅舎が新築されている。

駅の南西約300メートルのところに聖心女子学院がある。この学院が阪急御影駅近くの鴨子ケ原からこの地に移って来たのは、今津線が全線開通した大正15年のことである。以来、小林駅は通学する女学生たちの姿で華やいだ雰囲気に包まれ、この光景は現在でも変らない。

次駅の阪急逆瀬川駅は、駅名通り駅の北側を逆瀬川が東流している。六甲山地の東端部から武庫川に注ぐ逆瀬川周辺は、昭和の初期まではのどかな田園地帯だった。

しかし、現在は阪神間を代表するベッドタウンの一つとして知られる。逆瀬川団地、逆瀬川台などの大規模住宅地が多く、さらに再開発されて、川沿いや沿線には瀟洒なマンション群が並んでいる。

夕方のラッシュ時になると、宝塚方面へ向かう今津線の電車は帰宅を急ぐ客で混雑するが、その多くがこの逆瀬川駅で下車する。阪急今津線の主要駅の一つだ。

小林付近を走る阪急電車

阪急小林駅付近を走る阪急電車。背後の山並み、家並みをバックに伝統カラーのマルーン色の車体が映え、1枚の絵になっている。

小林駅ホーム（撮影：荻原二郎）

ホームに入って来たのは610形の電車。間に600形を挟んでおり、編成スタイルが整っていることが多い阪急電車の中では珍しい。

見どころスポット

小林聖心女学院

カトリック系聖心会のミッションスクール。豊かな緑に囲まれた環境は抜群。丘の上の樹々を突き抜けてチャペルの尖塔が望める。

小林駅から徒歩7分

小林フラワーガーデン

阪急小林駅のホームからも見える小林フラワーガーデン。一年中花が咲き、市民の憩いの場になっている。
宝塚市小林2-8-12
小林駅すぐ

伊和志津神社

宝塚随一の古社。安土桃山時代、加藤清正が文禄・慶長の役で朝鮮から虎を持ち帰り、境内で飼育したと伝えられている。
宝塚市伊孑志1-4-3
逆瀬川駅から徒歩6分

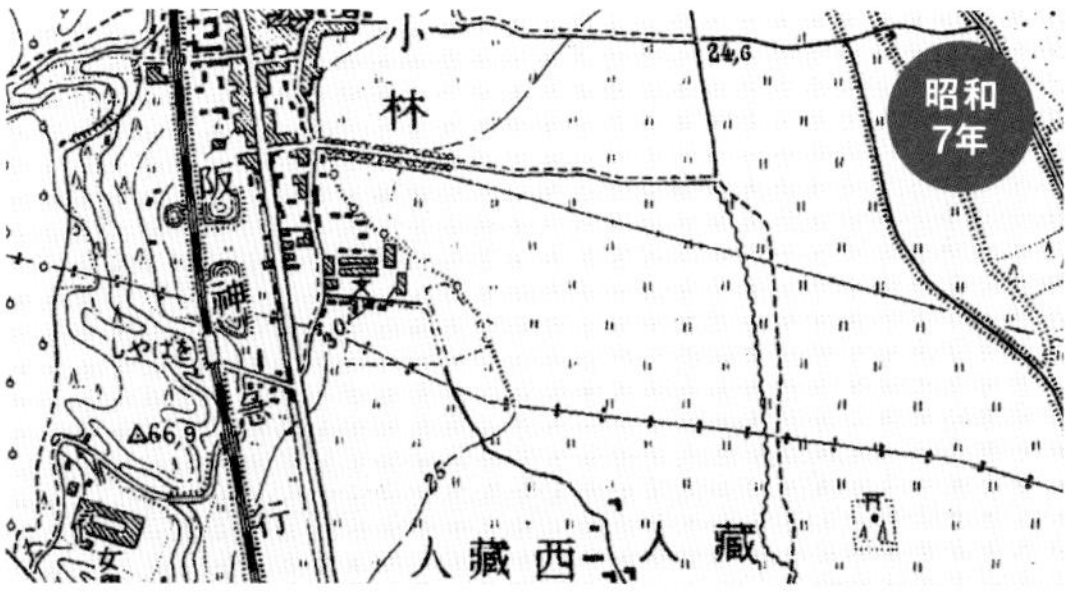

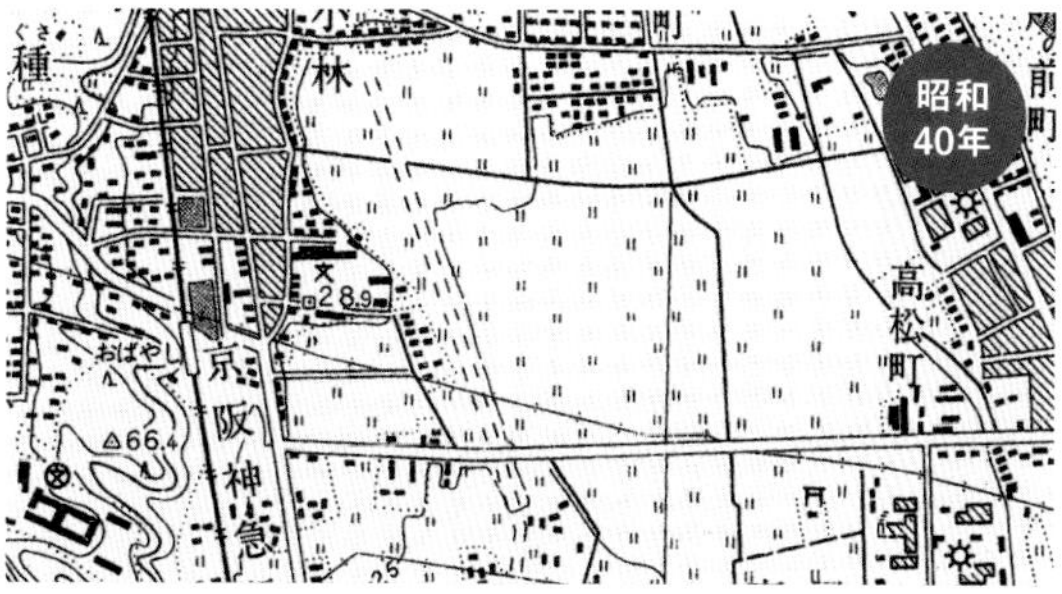

古地図探訪

小林駅近くには小林聖心女子学院の校地が広がっている。校舎本館は建築家のアントニン・レーモンドが設計して建てられたもので国の登録有形文化財に指定されている。

宝塚南口

たからづかみなみぐち

今津線

駅前にあった宝塚ホテルは移転 武庫川中州の石積「生」は12代目

宝塚南口駅
（提供：宝塚市立中央図書館）

宝塚歌劇のもう一つの玄関口でもある宝塚南口駅。写真は1938（昭和13）年7月撮影の駅舎と踏切。駅は宝塚温泉への玄関口でもある。

宝塚南口駅高架化工事
（提供：宝塚市立中央図書館）

宝塚南口駅は1971（昭和46）年に高架化される。工事中、宝塚南口駅～宝塚駅間は仮線用地が確保出来なかったので単線になっていた。

かつては日本を代表するクラシックホテルの一つ「宝塚ホテル」の最寄り駅であった。しかし、2020（令和2）年にホテルが宝塚駅寄りに移転。駅名標の副称「宝塚ホテル前」の表記もなくなった。

地元の大地主で果樹園経営の平塚嘉右衛門氏と、阪急電鉄の共同出資で、駅前に宝塚ホテルが出来たのは、1926（大正15）年。切妻屋根が際立つドイツ風建築の瀟洒な建物はモダンさで注目されたが、年月による老朽化には勝てなかった。

老朽化と言えば、宝塚大橋も耐震補強工事を実施。歩道部分は現在整備中だが、以前あった手塚治虫の作品パネルのほかブロンズ彫刻などは一部復元される予定だという。

この橋の下を流れる武庫川の中州には「生」の石積みオブジェがある。宝塚在住の芸術家・大野良平さんのアート作品で、阪神淡路大震災から10年目に「街と人の心の再生」を願って制作（現在12代目）された。

ただ石を積んでいるだけなので、台風で流されたりすると積み直しだ。再現には宝塚市も応援。親子連れのボランティアも増え、「生」の字は一段と力強く太くなった。小説「阪急電車」の著者・有川ひろさんも、〃宝塚のたからもの〃と賞賛している。

宝塚南口駅と宝塚ホテル（提供：宝塚市立中央図書館）

写真は阪神・淡路大震災の1年後に撮影された。疾走するマルーン色の阪急電車の向こうに2020（令和2）年に移転した宝塚ホテルがある。

昭和初期の宝塚ホテル（提供：宝塚市立中央図書館）

阪急宝塚南口駅のそばに建つ宝塚ホテルは、昭和初期のもの（絵葉書）。切妻屋根がポイントのモダンな建物は当時話題を呼んだ。

見どころスポット

庫川中州にある「生」の石積み（12代目）

宝塚南口駅から宝塚方面へ向かう車窓（左）から、武庫川中州に積まれた「生」の字が見える。これは阪神・淡路大震災の鎮魂を願ってつくられたもの（記憶の中の「生」再現プロジェクト）。宝塚市も保存に協力している。

武庫川中州に2022年（令和4）年4月に撮影された12代目の「生」の石積み。

2022年1月16日に懐中電灯でライトアップされた12代目の「生」の石積み。

提供：記憶の中の「生」再現プロジェクト

宝塚ホテル

宝塚大劇場の西側に隣接、2020（令和2）年6月21日に開業した宝塚ホテルは、宝塚大劇場のオフィシャルホテル。館内には宝塚歌劇関連を展示しているギャラリーもある。
宝塚市栄町1-1-33
阪急宝塚駅から徒歩5分。

宝塚温泉

宝塚温泉は、現在、「若水旅館」、「ナチュールスパ宝塚」、「宝塚ワシントンホテル」の3施設で利用できる。写真のナチュールスパは宝塚市が設置した公設民営型温泉健康施設（日帰りの入浴施設）。建物は建築家・安藤忠雄氏の設計。

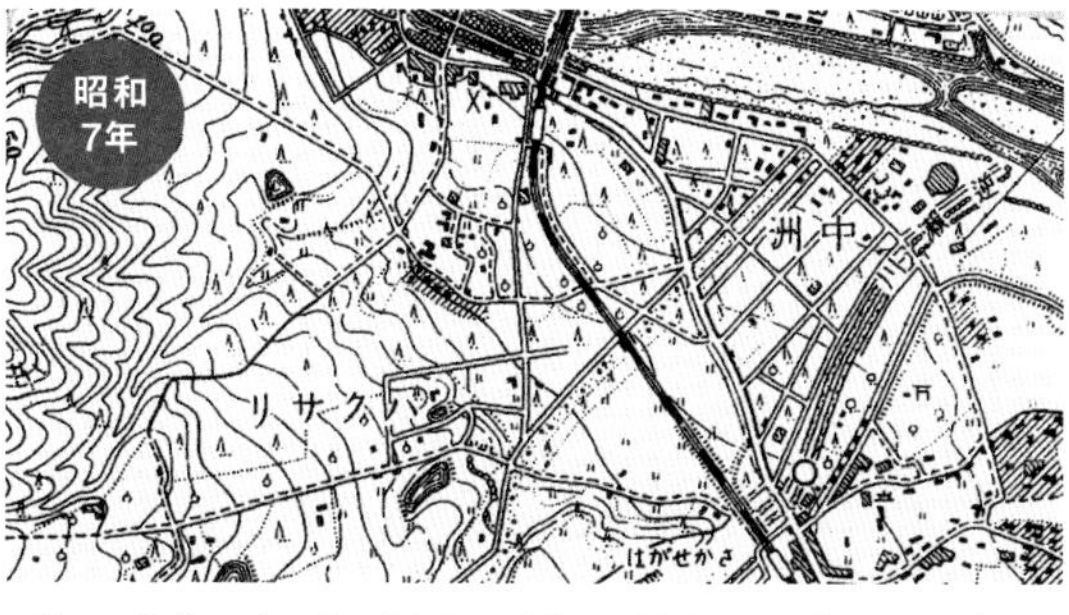

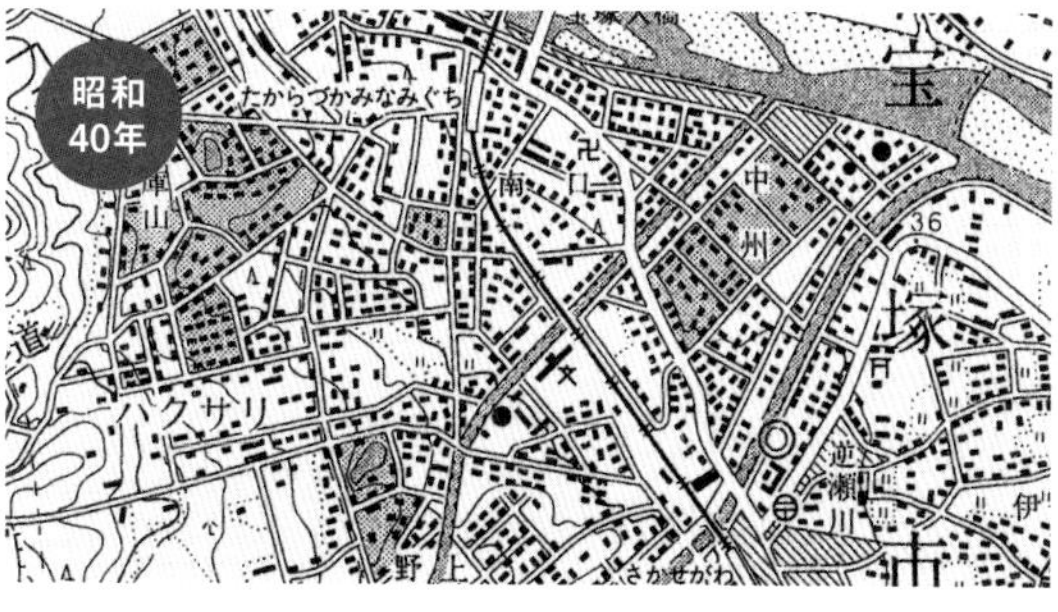

古地図探訪

地図にある「ハクサリ」は、逆瀬川の上流に位置する宝塚市小林字ハクサリ。この地域は地下水にフッ素が多く含まれ、それが原因で"歯が腐る"と言われて来たという。

宝塚

たからづか

今津線

宝塚本線と共通の終着駅 宝塚歌劇の街で広く知られる

宝塚駅
（提供：宝塚市立中央図書館）

駅舎の壁に「宝塚ファミリーランド」の案内があるが、家族連れ以外、大方のお目当ては、宝塚歌劇を観る「宝塚大劇場」だった。

宝塚駅
（提供：宝塚市立中央図書館）

地上駅時代の宝塚駅。宝塚駅は、1989（平成元）年2月に高架化工事が着工されたが、そのでまでは写真のようなこぢんまりとした駅舎だった。

宝塚歌劇の最寄り駅で知られる宝塚駅は、阪急電鉄とJR福知山線の2つの駅がある。そして阪急の駅は、宝塚本線と今津線共通の終着駅になっている。

宝塚本線のほうは、1910（明治43）年3月、阪急電鉄の前身である箕面有馬電気軌道の終点として開業した。開設当初は小さな湯の街でしかなかった宝塚だったが、その後、輸送需要を伸ばすために創業者・小林一三のアイデアで「宝塚歌劇」が生み出されたことはあまりにも有名だ。

小林は、三越少年音楽隊などをヒントにして、1914（大正3）年、宝塚新温泉のアトラクションとして少女による音楽隊を初公演させる。やがてこれが宝塚少女歌劇団となり、現在の宝塚歌劇へと発展したのだ。

一方の今津線は、1921（大正10）年9月に西宝線として開業、宝塚本線との接続駅となる。1923（大正13）年に4000人収容の宝塚大劇場が建設され、その後の宝塚レビュー旋風で、阪急の宝塚駅を利用する客の数は急速に増えて行った。

しかし、阪急の宝塚駅は民家に囲まれていたこともあって、駅の改築は大幅に遅れた。平成6年にやっと高架化が完了。新しい駅舎は阪急百貨店を核とする駅ビルだが、「第2回近畿の駅百選」に選定されている。

家族連れに長く愛された「宝塚ファミリーランド」は2003（平成15）年4月に閉鎖。跡地利用は有為転変し、現在は「宝塚市立文化芸術センター」のみがオープンしている。

宝塚ファミリーランド

昭和40年代は宝塚ファミリーランドの黄金期。

二重大観覧車や大人形館などが次々と増設されていた副駅名も宝塚ファミリーランド前だった。

宝塚駅（提供：宝塚市立中央図書館）

高架化された現在の駅舎は宝塚大劇場などと共通した外観に。阪急百貨店を核とする店舗群と一体化させている。

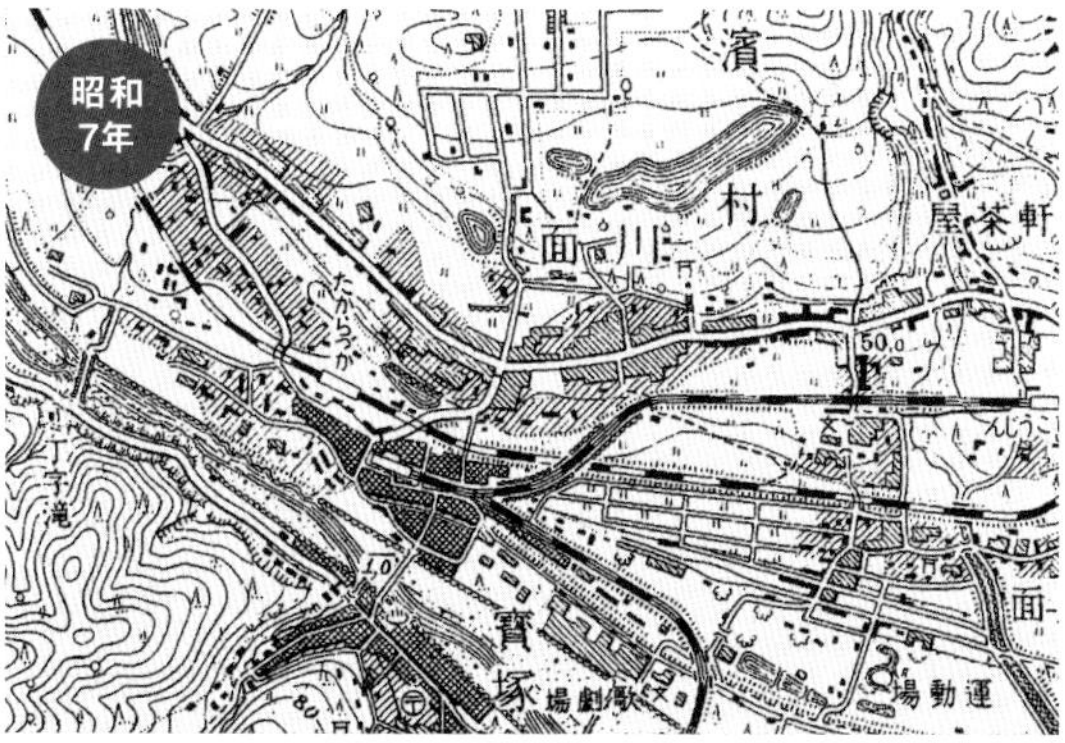

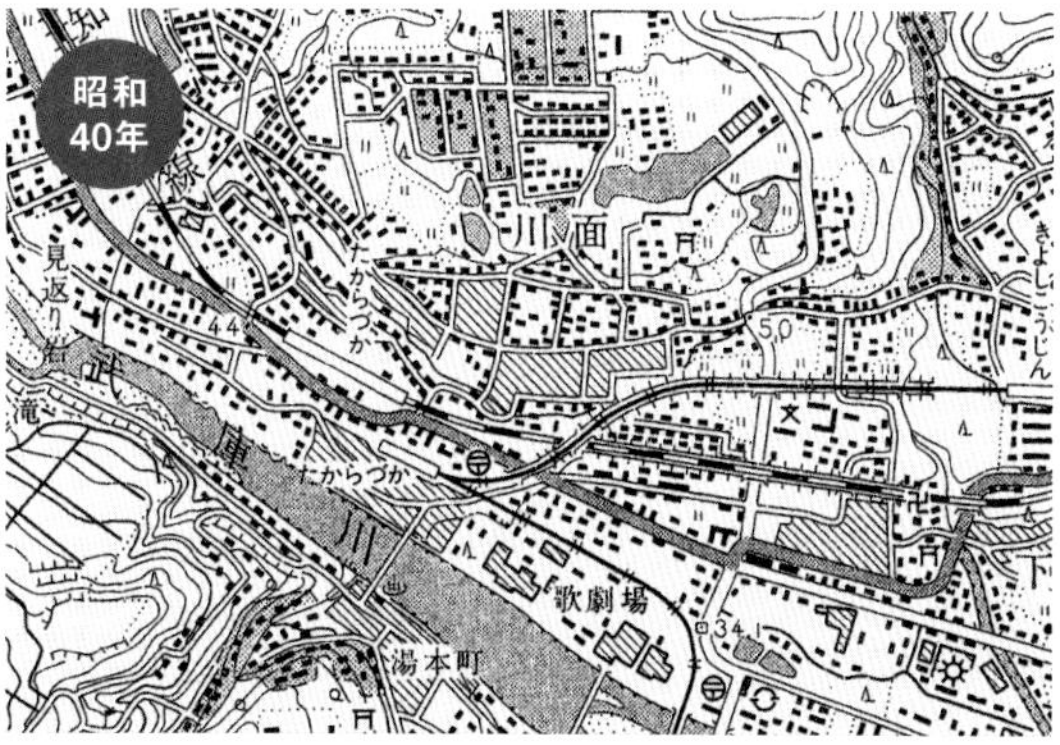

古地図探訪

1932（昭和7）年頃は宝塚市ではなく、川辺郡小浜村であった。武庫川の南側はまだ住宅開発が行われていなかった。北側には、現在も続く「川面」という地名が見える。

宝塚観光案内
（提供：宝塚市立中央図書館）

古くから「歌劇と温泉のまち」で有名な宝塚には、歴史ある神社仏閣も多い。また豊かな自然に囲まれているのでレジャースポットもいっぱい。このほか数百年の歴史を持つ山本の植木産業は全国に知られている。これら宝塚の魅力をMAPにした観光案内は、戦後まもない昭和24年頃にはすでに発行されていた。

（表）

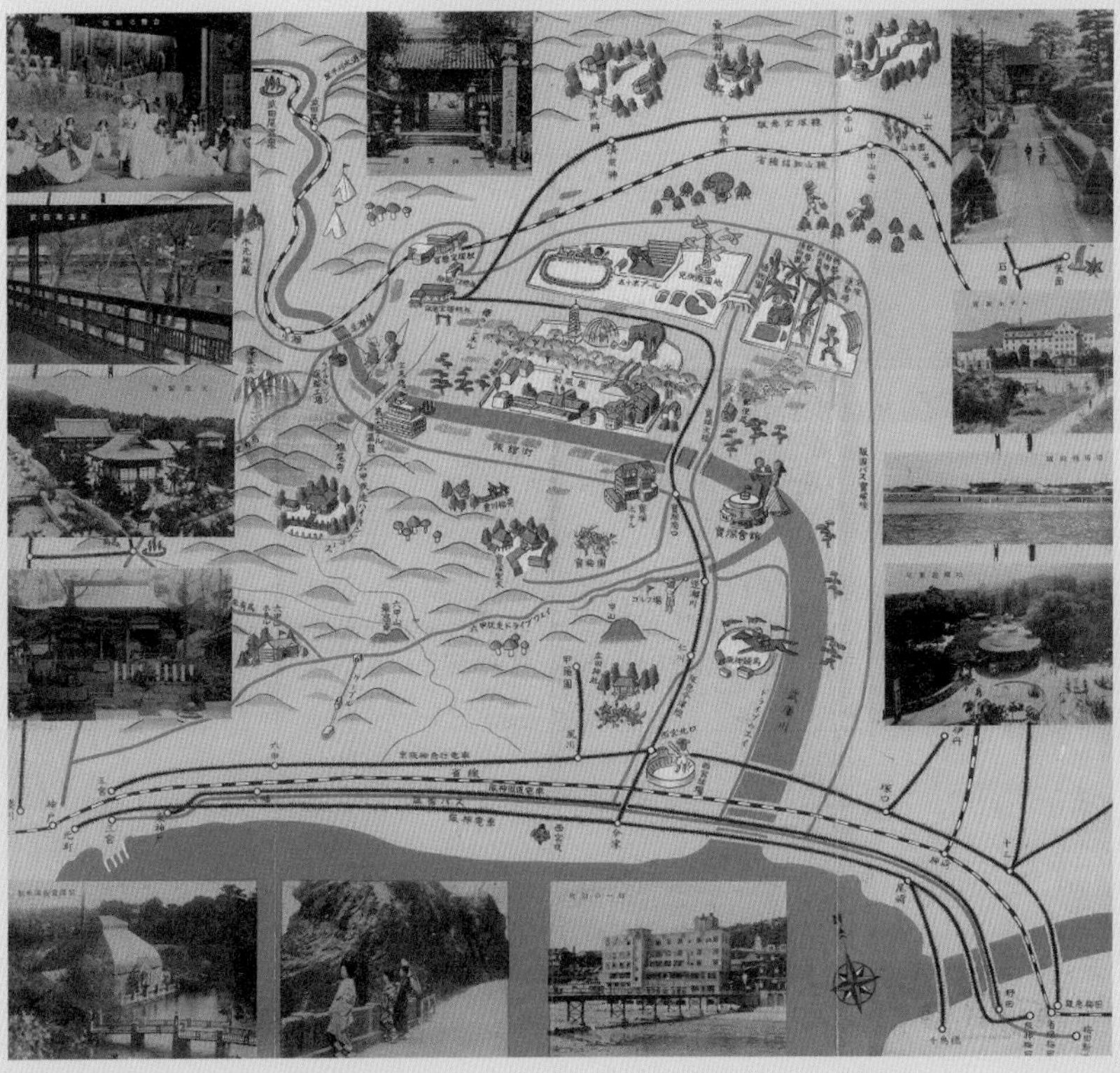

春は阪急沿線から
昭和８年頃

重い冬のコートにさよならしたら、お出かけが楽しい季節!このパンフレットの裏側には、春の阪急沿線の案内として、さくら、つつじ、わらび狩り、ピクニックの好適地などが載っている。

（裏）

見どころスポット

花の道

宝塚大劇場まで続く、桜が満開の花のみち。駅舎をはじめ、周辺の建物はオレンジの屋根で統一され、街全体が景観美なのも宝塚の魅力だ。

宝塚市立手塚治虫記念館

“漫画の神様”と呼ばれる手塚治虫は、5歳から24歳まで宝塚で過ごした。記念館では幼少期に描いた漫画や絵画作品も展示している。
宝塚市武庫川町7-65
宝塚駅から徒歩10分

宝塚市立文化芸術センター

宝塚ガーデン・フィールズ跡地に、2020年6月に開館した宝塚市立文化芸術センターは、展示を工夫した気軽にアートを楽しむ施設。手塚治虫記念館に隣接している。
宝塚市武庫川町7-64 宝塚駅から徒歩10分

昭和56年

国鉄宝塚駅（提供：宝塚市立中央図書館）

写真の駅舎は1934（昭和9）年に竣工、2008（平成20）年に閉鎖されるまで使われた。その間JR宝塚となった駅は、2010（平成10）年に橋上駅舎となり、現在に至る。

武庫川を渡る阪急電車

西は六甲山系、北は長尾山系に囲まれ、中心部を武庫川が流れるなど、恵まれた自然の地形に囲まれた宝塚周辺。写真は武庫川の橋梁をさっそうと走るマルーン色の阪急電車。

宝塚歌劇団の本拠地「宝塚大劇場」

宝塚を訪れる人のお目当てはほとんどがこの「宝塚大劇場」。各組のミュージカル公演で毎年100万人以上の観客を動員。

苦楽園口

くらくえんぐち

甲陽線

温泉地へアクセスで設置され その後、高級邸宅街の入口に

苦楽園口駅（提供：西宮市）

まだ今のような西口が出来ていなかった時代の苦楽園口駅。当時駅のそばにあった阪急タクシーの苦楽園営業所の建物が見える。

苦楽園口駅西口

相対式ホームの苦楽園口駅の改札口は東西2つに設けられている。写真は西口改札口。両ホームは地下道でもつながっている。

苦楽園口東口

苦楽園口の東口改札口。乗り降りだけのシンプルな駅舎なので、定期券やカード専用の無人改札口になっている。

夙川駅を起点にする阪急甲陽線は、1924（大正13）年に開業したが、苦楽園口駅は、翌年の大正14年に設けられた。

駅の西部一帯が「苦楽園」で、大正から昭和にかけては温泉地であった。その最寄り駅として設置されたのが苦楽園口駅だ。「苦のあとに楽あり」が命名由来の一つだが、まさにその通りで、苦楽園までは急坂を20分ほど歩いて登ることになる。

もともとは山林のみであったが、開発と同時に一帯でラジウムを含む温泉を発見。保養地としても脚光を浴びることになった。その後宿泊施設もある観光地となるが、1938（昭和13）年の阪神大水害でお湯が枯渇。以来、観光地としての苦楽園の歴史は幕を閉じ、閑静な住宅地として開発が行なわれた。

西宮市内で「園」がつく地域は「西宮七園」と呼ばれ、高級邸宅街とされているが、苦楽園もその一つ。しかし苦楽園は西宮市より芦屋市のほうに距離が近いため、利用する阪急バスも芦屋市内線となる。

苦楽園の高台からの眺望は素晴らしく、阪神間から大阪中心部にかけての地域、遠くには大阪湾を隔てた大阪全域や、神戸全域の絶景を望むことができる。夜景も美しい。

苦楽園橋南
（提供：西宮市）

苦楽園橋から南方面を撮影した写真。松と桜のコンビネーションがきれいな夙川公園の向こうに阪急神戸線の電車が見える。

苦楽園口電車すれ違い

苦楽園口駅で甲陽園駅行きの電車と夙川駅行きの電車が同時に停車している。車両はどちらも1976年に誕生した神宝線用の6000系。

苦楽園橋北
（提供：西宮市）

苦楽園橋から北側を撮影した写真。正面に西宮のシンボル甲山が見える。左側を走っているのは甲陽線の電車。

北山緑化植物園
（撮影：田谷光弘）

1982（昭和57年）に開園した総面積9ヘクタールの北山緑化植物園。緑と花があふれる園内には、日本庭園の「北山山荘」や、多彩な温室植物を栽培する「展示温室」などがある。

見どころスポット

越木岩神社

子授け、安産祈願で知られる神社。創立は古く、一千年前の延喜式神名帳に記載される大国主西神社が前身と言われている。
西宮市甑岩町5-4
苦楽園口駅から徒歩15分

堀江オルゴール博物館

故・堀江光男氏が世界中から収集した約300点のアンティークオルゴールを展示した私設歴史博物館。定時演奏も行っている。
西宮市苦楽園四番町7-1
夙川駅から阪急バスで苦楽園下車、徒歩10分 月休（祝日は開館）大人900円

満池谷 ニテコ池

ニテコ池は、南北に並ぶ3つの貯水池の総称。掘った土は西宮神社の塀に使われた。「ネッテコイ、ネッテコイ」という土を運ぶ人たちの掛け声が転訛して"ニテコ"となったという。
西宮市満池谷12
苦楽園口駅から徒歩10分

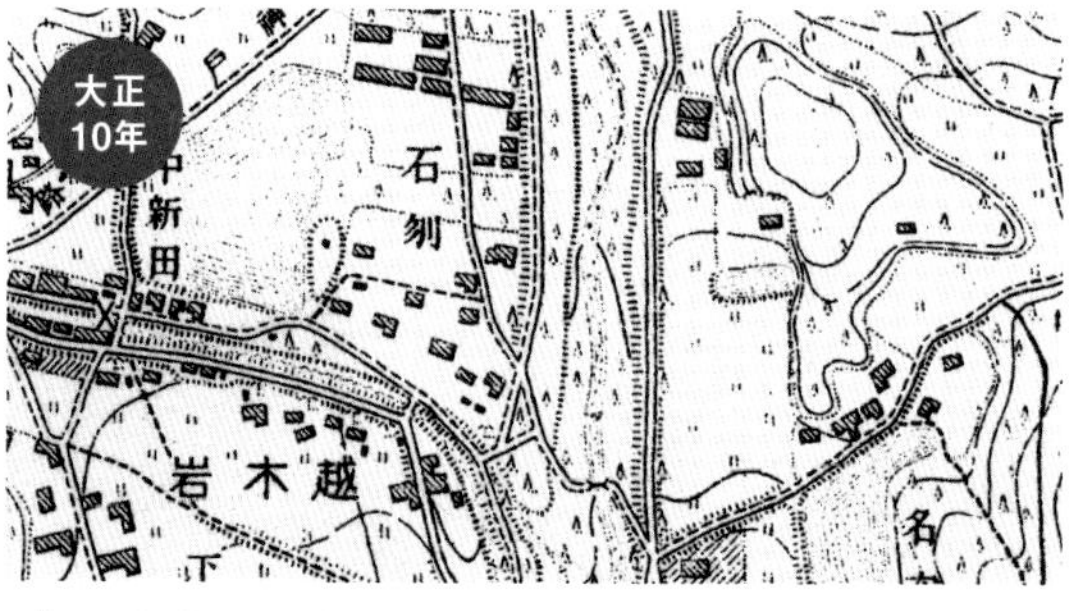

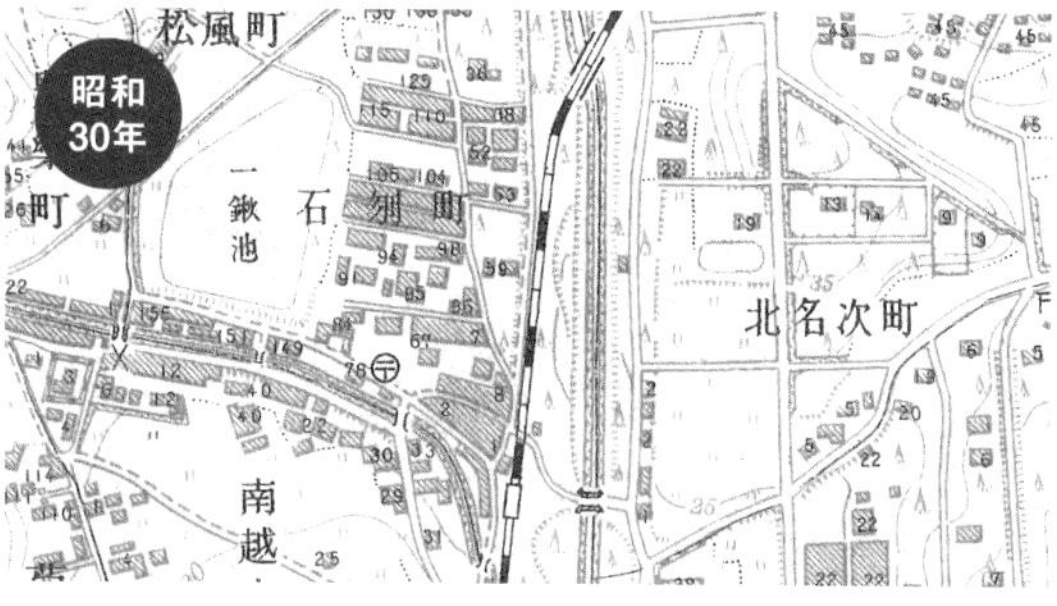

古地図探訪

苦楽園口駅の所在地である「石刎（いしばね）」は、大坂城に使う石を越木岩周辺で切り出していたというところから来ている。「石を跳ねる＝加工する」という意味があるそうだ。

甲陽園《こうようえん》

甲陽線

御手洗川上流の地形を活かして、早くから高級住宅地として発展

甲陽園駅

（撮影：荻原二郎）

甲陽線の終点である甲陽園駅。切妻屋根の駅舎は1924（大正13）年の開業当初とほとんど変わらない。改札口の奥に停車中の電車がみえる。

甲陽園駅前

（提供：西宮市）

かつての甲陽園駅前には樹々が植えられ、高級住宅地入口の落ち着いた風情が演出されていた。正面にカイセイ薬局が見える。

甲陽園駅

2003（平成15）年度の第回近畿の駅百選に選ばれた甲陽園駅。出口上のしゃれたオーニングテントがおしゃれな印象を与える。

甲陽園駅は甲陽線の終着駅として、1924（大正13）年10月1日に開業した。もともとこの地域は、大正期に入るまでは山林地域で、人の手も及ぶことはなかった。

しかし、1918（大正7）年に箕面有馬電気軌道十三線（現・阪急神戸線）の敷設計画が進む中、岡山出身の実業家・本庄京三郎が「甲陽土地」を設立。上水道、電気を完備した住宅地として開発を行ったのをきっかけに現在のように発展した。

「甲陽」はこの社名に因むもので、本庄京三郎の名も「甲陽園本庄町」として残っている。

開業当初の甲陽園は、苦楽園と同じく行楽地で、路線も観光路線の色合いが強かったが、昭和期になると衰退。沿線に誘致された学校への通学客が多く乗る路線へと変化していった。現在も平日の朝夕は甲陽学院高校などの学生客で賑わう。

また甲陽園は甲山の南麓で、御手洗川の上流地域という自然の地形を活かした住宅地の開発により、芦屋と並ぶ高級住宅地として広く知られるようになる。苦楽園と共に「西宮七園」の一つに数えられている。

レトロな雰囲気の駅舎は、平成15年度の「第4回近畿の駅百選」に始発駅の夙川駅と同時に選ばれた。

甲陽園駅ホーム

現在、1面1線で使用されている甲陽園駅ホーム。出発を待っているのは3両編成・夙川行きの電車。マルーン色が輝いている。

夕暮れの甲陽園駅前

夕暮れになり照明が点きはじめた駅前通り。甲陽園駅を出てすぐ右に伸びるバス通りで、すぐそばに歴史を持つ甲陽園写真スタジオの看板が見える。

見どころスポット

神呪寺（かんのうじ）

"甲山大師"の名でも知られる神呪寺は、淳和天皇の妃、如意尼が弘法大師を招いて開創したと伝わる古刹。お寺の鐘は参拝者が自由につけ、鐘楼からの眺めも楽しめる。
西宮市甲山町25-1
甲陽園駅から徒歩25分

アンネのバラ教会

アンネの日記で有名なアンネ・フランクを慰霊して建てられた教会。2階の資料館には、アンネの形見となったスプーンや切手入れも展示している。
西宮市甲陽園西山町4-7
甲陽園から徒歩5分

県立甲山森林公園

甲山山麓に広がる総面積83ヘクタールの広大な森林公園。メインコースは、クスノキ並木、笠形噴水、彫刻の道へと続く遊歩道。噴水や樹々の緑に癒やされ、森林浴にも好適。
西宮市甲山町43
甲陽園駅から徒歩25分

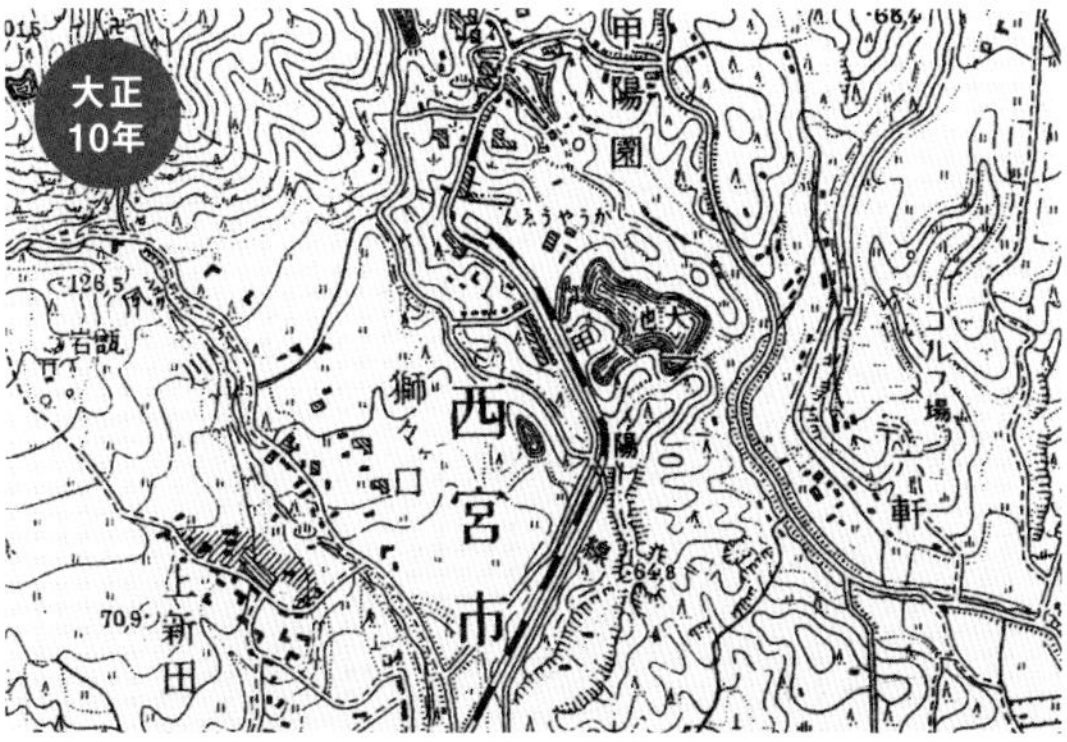

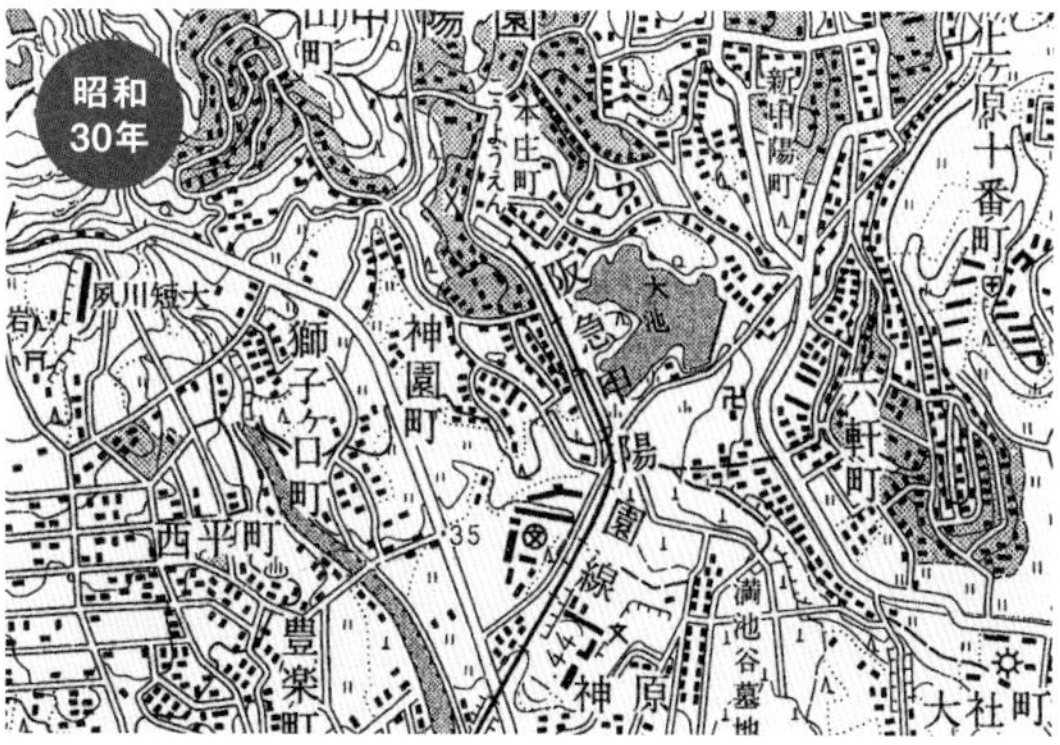

古地図探訪

大正10年頃の甲陽園には「甲陽園公園」という一大歓楽地があった（大池の上、駅の東側一帯）。しかし甲陽線が敷かれて高級住宅地になり、「西宮七園」と呼ばれるまでになった。

【著者プロフィール】
山下ルミコ（やました るみこ）
郷土史研究家。1967（昭和42）年から西宮に居住。産経新聞社大阪本社、サンケイリビング新聞社などの記事執筆を長年にわたり続ける。『阪急神戸線 街と駅の１世紀』（彩流社）、『東京今昔散歩』（JTBパブリッシング）、『阪神電車ぶらり途中下車』『都電荒川線沿線ぶらり旅』（フォト・パブリッシング）ほか著書多数。

【写真提供】
神戸アーカイブ写真館、芦屋市広報国際交流課、伊丹市立伊丹ミュージアム、あまがさきアーカイブズ、神戸市文書館、ウエブサイト・西宮流、西宮市、宝塚市立中央図書館、阪急電鉄、野村不動産、もふもふ堂、上野又勇、竹村忠洋、前田康男、荻原二郎、小川弘幸

【古地図探訪】
（戦前の地図）帝国陸軍参謀本部陸地測量部発行の地形図
（戦後の地図）建設省地理調査所、国土地理院発行の地形図

阪《はん》急《きゅう》神《こう》戸《べ》線《せん》ぶらり途《と》中《ちゅう》下《げ》車《しゃ》
～今昔写真《こんじゃくしゃしん》で巡《めぐ》る沿線《えんせん》さんぽ～

2023年3月1日　第1刷発行

著　者……………………山下ルミコ
発行人……………………高山和彦
発行所……………………株式会社フォト・パブリッシング
〒161-0032　東京都新宿区中落合2-12-26
TEL.03-6914-0121　FAX.03-5955-8101
発売元……………………株式会社メディアパル（共同出版者・流通責任者）
〒162-8710　東京都新宿区東五軒町6-24
TEL.03-5261-1171　FAX.03-3235-4645
デザイン・DTP ………柏倉栄治（装丁）、菅沼俊弘・山名貴志（本文）
印刷所……………………株式会社シナノパブリッシングプレス

ISBN978-4-8021-3360-9 C0026

本書の内容についてのお問い合わせは、上記の発行元（フォト・パブリッシング）編集部宛ての
Eメール（henshuubu@photo-pub.co.jp）または郵送・ファックスによる書面にてお願いいたします。